ちくま新書

ことばは国家を超える
――日本語、ウラル・アルタイ語、ツラン主義

田中克彦
Tanaka Katsuhiko

1568

ことばは国家を超える

――日本語、ウラル・アルタイ語、ツラン主義【目次】

まえがき――この本を書く目的について　011
ヨーロッパの中の非ヨーロッパ語／ウラル・アルタイ語／ことばの仲間を見つけ出すこころみ／言語同系説と民族感情／言語学者たちの大冒険／『日本語がウラル・アルタイ語に属することの証明』／ウラル・アルタイ説とツラン主義／日本でのウラル・アルタイ学／言語学研究の二つのアプローチ／ことばとアイデンティティ

第一章　ウラル・アルタイ説の出現とその道のり　031

1　ウラル・アルタイ語族はどこにどう分布しているか　033
ウラル山脈とフィン・ウゴール語族／アルタイ山脈とトルコ族／トゥングース語と満洲／満洲語はいまも生きている／アルタイ語のなかまたち

2　最初に気がついたのは――スウェーデン人のストラーレンベルク　043
ロシアのシベリア研究／タッベルトの言語分類

3　ライプニッツの進言からエカテリーナ女帝の博言集への発展　048
人間にとって世界で最も重要な秘密／パラスの比較語彙集／言語と文学

第二章　言語の同系性を明らかにする方法　053

1　青年文法学派と音韻法則　055
考えそのものも表現も文法の中に現れる／音韻法則／エンゲルスと青年文法学派
2　自然科学主義と青年文法学派　062
青年文法学派の「青年」とは／音韻論受容の実際／アルタイ語の原郷／科学という妄信／音韻法則に対する根本的な疑問
3　「基礎語彙」論のあやうさ　070
アルタイ語と基礎語彙／言語年代学による水深測量／子どもがことばを変化させる／共通起源のたどりにくさ／朝鮮語から「山」が消えた／「畏れ」もことばを変える／ロシア語に「熊」がない

4　日本人の言語経験を言語類型論に結びつける　080
朝鮮語は驚くほど日本語と似ている／日本人の言語観が変わる外国語学習

第三章　言語類型論　085

1　類型論はフンボルトがはじめた　087
言語学の類型的研究／アルタイ語にはラ行ではじまる単語がない／言語の構造を追う／ベルリン大学をつくったフンボルト／フンボルトの言語類型論／人間の考え方は言語に限定される／外国語学習はまず観察してこそ
2　言語の三つの型　098
屈折型／膠着型／孤立型／屈折語のやっかいさ／英語を改良しようとした日本の文部大臣／孤立型の「舌足らず」性
3　言語の類型と進化論　110
類型の発生／フンボルトによる評価／中国語の内的豊かさ／屈折型は膠着型に流れる？

4 孤立語という難問 117
文法専門の道具／屈折型は膠着型より優れているのか／内的言語形式
5 語族ではなく「言語同盟」を――トルベツコーイ 121
トルベツコーイという言語学者／貴族だったトルベツコーイ／印欧祖語への疑問符／後置される冠詞／屈折語が優れている、というのは誤り／言語同盟／拡大された民族
6 膠着語に対する積極的評価 133
トルコ語は単純で論理的／英語の文法はムダで非論理的／変化しないままで変化する
7 言語類型の評価 137
膠着型言語の「不完全さ」／世界における日本語の位置／日本におけるウラル・アルタイ説論議の第一歩
第四章 日本におけるアルタイ語類型論の受容の歴史 143
1 音韻法則に幻惑された日本言語学の科学主義 145
日本での日本ブーム／大野晋という人／『日本語の起源』／言語学以外の学問も学んでこそ／日

本の言語学会における類型論的把握への不信／大野晋によるアルタイ語の特徴／母音調和／大野さんのスタイル／「言語学以前に逆もどりする」——服部四郎による批判／服部さんも類型論が無言の前提だった／『日本語の起源』の新版／マルのイベリア・カフカス言語圏説／藤岡勝二によるアルタイ語の特徴／ヨーロッパの初期のウラル・アルタイ語研究／ヴィーデマンの一四項目／青年文法学派のくびき／日本の学問の根本問題
2　科学をたてにとる音韻法則と日常感覚に近い「言語類型論」 174
アルタイ語には「持つ」がない／ことばが意識を変える／ソシュールの「社会的事実」
3　固有表現へのこだわりこそが 180
社会的圧力を考察してみると／フェルン・ゼーアーとソヴィエティズム／ウラル語にも「持つ」はない／感性共同体
4　ロシア語にも「持っている」はない 186
ロシア語はウラル・アルタイの影響を受けてきた／ウラル・アルタイ語どうしだとことばの壁をこえられる

5 ハンガリー語における「片目」 193
比較言語学は有効か？／片目と一つ目／「片手落ち」／数に関するウラル・アルタイ語の構造的特徴

第五章 ツラン主義の誕生 201

1 マックス・ミュラーの「トゥラン諸語」 203
トゥラン語族／形態論的類似
2 トゥランは地理上どこを指すか 205
遊牧民の文明空間／蔑称としての「トゥラン」
3 ハンガリーに生じたツラン主義 208
ツラン協会の設立／一九八二年の「日本語の起源」研究会／相撲もツラン文化に由来する
4 テュルク諸族におけるツラン主義 212
反ロシアとツラン主義／イブラヒムの来日
5 満洲国を好機として 214

日本の軍部との接触／研究の自由／ウラル・アルタイ語族の政治的独立を／中国におけるモンゴル語ジェノサイド
6　民族は国家をこえる　220
複数の国家間に分断された民族と言語／言語を消滅させる政策／摘み取られたモンゴル語のローマ字化／弱者の連帯
7　トルベツコーイ――ユーラシア主義への発展　227
「タタールのくびき」／印欧語は完成した言語ではない／語族という概念の解体
「祖語」から「言語連合」へ／真の言語の「起源」
8　シャルル・バイイとトルベツコーイ　234
『一般言語学とフランス言語学』／「比較民族文体論」
あとがき　239
文献一覧　253

まえがき――この本を書く目的について

†ヨーロッパの中の非ヨーロッパ語

古くからヨーロッパに住んでいながら、どう見てもまわりのヨーロッパの言語とは全くちがった、特異なことばをしゃべる人たちがいる。その代表的な例がハンガリー人とフィンランド人で、それぞれの言語を話す本人たちは、それぞれマジャール語、スオミ語と呼ぶ。

ヨーロッパの諸言語は、大きな目で見ると、たがいによく似ていて、ひとまとめに大きな方言群という感じさえする。さかのぼっていくと、それらの言語はインドの古代語サンスクリト語と、語彙も文法も共通点があり、印欧（インド・ヨーロッパ）祖語という、共通の祖先にさかのぼると考えられている。

そこでハンガリー語やフィンランド語などというような、他のヨーロッパ人から見れば、とりくつ島もない、わけのわからないことばはやめて、フランス語やドイツ語のような、よく知られた「文明語」にとりかえたほうがいいと、考える人は決して少なくなかった。たとえばアントワーヌ・メイエ（一八六六〜一九三六年）である。

かれは一九世紀末から二〇世紀はじめにかけて、近代言語学を率いた著名なフランスの言語学者だが、ロシアの十月革命（一九一七年）の結果、ソビエト連邦が生まれ、そこでは「かつてヨーロッパを侵略したトルコやモンゴルのような野蛮な民族」の言語が復活していくのを苦々しい思いで見ていた。同じ頃、一九二五年にスターリンは、アジア諸民族の若い共産主義者たちを集めて、革命分子を育成するために設けられた「東方労働者共産主義大学」（クレムリンの墓に革命の功労者の一人として葬られている日本人の片山潜は、そこで教授の一人だった）で行った講演で、ロシアの革命は「言語の数を減らさずに増加させている」と自賛したのに対し、メイエは、この一九二八年の著作（*Les langues dans l'Europe nouvelle*）で、「総じて、文明語〔国語など〕の数は増やすべきではない。」と述べ、小さな方言のようなことばが独立していくのをこころよく思っていなかった（引用は『ヨーロッパの言語』岩波文庫、二〇一七年、三八八頁）。

この頃のスターリンを私は言語アナーキストと呼びたい。それとの対比でいえばメイエは規範言語主義者だ。

†ウラル・アルタイ語

一九二八年にメイエが出版したこの『新生ヨーロッパの言語』(上記翻訳本では原著にあった「新生」を省いて、時代を超えたヨーロッパ諸語の概説書のように見せかけている)で、ソ連邦の成立がヨーロッパの言語状況をいかに激変させてしまったかを書き残しておいてくれたおかげで、私たちは、ヨーロッパの知識人たちが、この事態をどう見ていたかをつぶさに知ることができる。メイエのこの本は、ひとえにソ連邦の出現がヨーロッパの言語状況にもたらした「野蛮化」を指摘するところにあったことを忘れてはならない。たとえばハンガリー語についてのメイエの感想は次のようなものである。

マジャール語しか知らないハンガリー人は、世界中どこへ行っても自分のことばを理解してもらえない。国外に出たいと思えば、通訳を一緒に連れていかなければならない。多言語を理解するヨーロッパ人でも、ハンガリーを旅行するときは、何もかもマジャール語であるため、途方に暮れてしまうのである(『ヨーロッパの言語』四〇八頁。引用は訳書のとおりではなく、私の考えで変えたところがある。以下、本書で引用するすべての訳書についても同様）。

マジャール語で書かれた学術論文はどんなに価値があっても人に知られることはない。大きな外国語に翻訳するか、要約をつける必要がある（同書、三四五頁）。

メイエは言語学者だから、さすがにマジャール語はやめてしまえばいいとは言わなかったけれど、こんなことばが存在するのはヨーロッパにとってめいわくだと思っていたらしいことはよくわかる。ここで注意すべきは、マジャール語（ハンガリー語）とは、ヨーロッパ諸語の根幹をなす、ギリシア語、ラテン語などとは全く由来の異なる、ウラル・アルタイ系に属する、非ヨーロッパ言語であることだ。この「マジャール語」を「日本語」に入れ替えて読んでみれば、日本人にもハンガリー人がメイエのこの本を読んでどんな気持ちになったかが想像できるはずだ。

†ことばの仲間を見つけ出すこころみ

そうは言われても、ことばは簡単にとりかえるわけにはいかない。長い間孤独を感じつづけてきたハンガリー人は、メイエのこの発言より一〇〇年以上前から自分たちと同じようなことばを話している民族がほかにもいるのではないかと、自分のことばに似た、仲間のことばの探索をはじめていた。そして一七九九年にジャルマティ（Gyarmathi Sámuel 1751-1830）が、フィンランド語という、やはりヨーロッパ語からまったくはずれた仲間を見つけ出したのである。

ハンガリー語とフィンランド語の間の語彙の一致がどのくらいあるか、ここにそのいくつかの例をあげておこう。

ハンガリー語	フィンランド語	
kéz	käsi	手
szem	silmä	目
máj	maksa	肝
vér	veri	血
tél	talvi	冬
mi	me	我々
hat	kuusi	六

hal	kala	魚
víz	vesi	水

さらにすすんで印欧比較言語学流に音韻法則が立てられそうな例をあげる。

ハンガリー語	フィンランド語	
föld	pelto	土地
fészek	pesa	巣
felhő	pilvi	雲
fél	puoli	半分
fonás	punoa	紡ぐ、編む（こと）
fa	puu	木
fej	pää	頭

すなわちハンガリー語の語頭のf-が、フィンランド語のp-に規則的に対応している。

つまり共通の基語があって、それがハンガリー語では一斉にf-に、フィンランド語ではp-に変化したという「音韻法則」が立てられそうである。これを見ただけでも、この二つの言語の関係がかなり濃密であるとわかる。

自分たちのことばの仲間を見つけ出すしごとが、一八世紀、一九世紀にヨーロッパで流行した。単に「似ている」だけでなく、最初にきちんとした、比較言語学という学問的基礎をつくって、それに成功したのが、遠く離れたインドの古典語サンスクリト語とヨーロッパ諸語との関係を発見したインド・ヨーロッパ語（印欧語）比較言語学であって、そのアイデアをはじめて『インド人の言語と賢さについて』という題で書物の形で発表したのがフリードリヒ・シュレーゲルだとすれば、一八〇八年のことであるから、ジャルマティのウラル語説は印欧語比較言語学よりおくれていたどころか、むしろそれに先んじて、はずれ言語を扱うウラル・アルタイ説の種をまいたことになる。シュレーゲルはインドの古代語サンスクリトを知って、ギリシア、ラテン語にまさるその整然とした文法に感激して、インド人に深い敬意を捧げた。しかし当時インド人自身はそんなことは知らなかった。

†言語同系説と民族感情

しかしハンガリー人は、フィンランド語がマジャール語と兄弟だと言われて、いい気持ちがしなかったらしい。何だ、あんな魚くさい奴らと一緒にされてたまるかいと。当時の北欧は穀物もあまりとれない貧しいところだった。馬にさえ魚を食わせていたという記録が残っている。私は一九六五年にはじめて冬のフィンランドに行ったとき、四分の一くらいに小さく切った日本の白菜が大切そうにガラスケースに入れられて kiinankaali キーナンカーリ（シナキャベツ）と書いて貴重品のようにして売られているのを見て、白菜がサラダでも食べられる繊細な野菜だということに気づかされたのである。その白菜はドイツのデュッセルドフを中心に大勢住んでいた日本人商社マンたちが自分たち用に作っていたものだった。

同じようなことはアジアにだってある。日本語と朝鮮語が同系言語だと言われたとき、日本人は、あんなニンニクくさい連中のことばと兄弟だなんてごめんだと言えば、朝鮮人はもっと力をこめて、あんな虫けらみたいにみじめったらしい、できの悪い連中と一緒にされてたまるかいと思ったらしい。このように、言語同系説には、ことばだけではすまされないやっかいな民族感情がついてまわる。ドイツ語とオランダ語はたがいに方言のように近い関係にありながら、私の経験ではドイツ人はオランダ人のことを、あんなチーズくさい連中のしゃべることばと言うし、オランダ人はドイツ語を聞いてもわからないふりをし、ひたすら英語を話したがる。

†言語学者たちの大冒険

それでもハンガリー人はやがてウラル山脈のさらに東の言語に期待をもって東へ東へと旅した。ケーレシ・チョマ（Kőrös Csoma 1798-1842）は、アルタイ語にたどりつく前に、チベット語に引っかかってしまい、とうとうチベットの僧院で一一年間も修行して、文法と辞書を書き、ヨーロッパにおけるチベット学の基礎をつくるはめになってしまった。で、フィンランド人はどうしたのか、かれらはまっすぐ東へすすみ、ウラルを越えてアルタイ山脈に達し、そこからさらに凍りついたバイカル湖を渡ってモンゴルに入った。この方面での最初の開拓者はカストレーン（Castrén 1813-52）だった。かれは一八四四年、旅先きのシベリアから、友人のスネルマンに次のように書き送った。「私がいま志しているのは、われわれフィンランド人が世界史から締め出された沼沢地の孤児ではなく、少くとも人類の六分の一以上と関係をもつ民族であるという事実の証明である。」(ウイファルヴィ『民族のふるさと』三二二頁)。

この一文は、ウラル・アルタイ語の初期の研究者たちが、どのような情熱にかられて研究に立ちむかったかを、ありありと伝えている。その成果の一つが一八五七年にロシアで出版されたブリヤート・モンゴル語の文法である。一九六九年になって百年も前のこんな古めかしくて、出しても誰が買ってくれるかわからないような本を東ドイツが復刊してくれたので、私は東ドイツのアジア学者たちのことをすごく尊敬したものである。そして二〇世紀に入るや、ラムステッド(G. J. Ramstedt 1873-1950)は、モンゴルがフィンランドと同様にロシアの影響下にあるのを利用して、早くも一八九八～一九〇一年に若い妻と生まれて数か月の女の子をつれてモンゴルに入り、ウルガ(今のウランバートル)の生きたモンゴル語を研究した(『モンゴル文語とウルガ方言』一九〇二年)。この研究は、今日のモンゴル標準語を定める際の基礎を提供したのである。さらに一九一九年にフィンランドがロシアから独立すると、ラムステッドは、この機を待ちかまえていたかのように、初代日本公使となって来日し、日本語を研究しただけでなく、日本にエスペラント語をひろめた。その頃、宮沢賢治はラムステットの講演を聞いてエスペラントを知ったらしい。ラムステッドはそのうえ、日本の支配下に入った朝鮮語の研究にまで手をのばし、朝鮮語の語源辞典（一九四九年）すらつくったのである。

†『日本語がウラル・アルタイ語に属することの証明』

はじめてヨーロッパ人で、日本語がこのウラル・アルタイ語に属するかもしれないという考えを抱いたのは、ボラー（Anton Boller）という人で、かれがウイーンの学界で発表した「日本語がウラル・アルタイ語に属することの証明」（一八五七年）という論文にさかのぼるという。日本人は、日本語の由来に関心がなくはなかったけれども、ウラル・アルタイ説のようなスケールの大きな構想にはなじめなかったためらしいが、私は、いまではほとんど思い出す人のいない、いなむしろ、日本の学会が積極的に忘れ去ろうとしているかのように見える藤岡勝二（一八七二～一九三五年）が、ドイツへの留学を終えてまもなくの、一九〇八（明治四一）年に行った講演のことを想起したい。本書の目的の一つはウラル・アルタイ説を論ずる際に忘れてはならない、藤岡さんがとりあげた言語類型論的な考え方の復権である。

†ウラル・アルタイ説とツラン主義

ウラル・アルタイ説は、言語のみにかかわる学説であり、とりわけ日本の言語学は、言語の研究が民族学をはじめ、文化を扱う諸学と交渉を持つことを厳しく拒むことを美徳としている。この伝統は最初からのものではなく、戦後アメリカ言語学を熱心に学んで以来そうなったにすぎない。しかし言語起源問題は、研究をすすめていくにしたがって、民族の起源と文化の問題、さらに政治の状況とかかわらないではすまされない。

二〇世紀に入るとハンガリーに興ったトゥラン（日本にはツランの形で導入され、弘まった）主義は言語の同系説を越えて、ウラル・アルタイ説を民族・文化の面にまで押し広げる役割をになって登場した。そうして一九世紀末から二〇世紀はじめにかけて、日本が日清戦争、日露戦争という大国との戦いに勝利をおさめたことは、ハンガリーとフィンランドの知識人を大いに刺激した。そこでトルコ人たちのもとで生まれた、アルタイ諸語の原郷はカスピ海、アラル海あたりにあったとするトゥラン主義は、ハンガリー人のもとでみがきをかけられて、トゥラン文化圏説となり、一九一〇年にハンガリーでトゥラン協会が結成された。一九三八年には日本に日洪文化協会が結成されたが、日本の敗戦とともに日本におけるツラン主義は消滅した。しかしロシアから亡命した言語学者トルベツコーイなどによってユーラシア主義へと発展させられて今日に至り、新しい思想として生き残った。本書ではまた、印欧語比較言語学がロマン語とゲルマン語を中心にして作った印欧語祖語理論をエスノセントリズム（自分の民族の考えを中心にする）によるものだと批判した、トルベツコーイの「言語同盟」説にふれる。

ツランの名はその後忘れ去られてしまったと思っていたのに、目ざましく復活してきたのが、崩壊前後のソビエト連邦においてである。一九九九年モスクワを訪れた際に書店で見て驚いて手にしたのは、「ロシア文化におけるツラン要素」などの論文を集めたトルベツコーイの著作集『チンギス・ハーンの遺産』だった。私は言語学者としてのトルベツコーイはよく知っていたが、そのときはじめて、言語学を大きくはみ出したトルベツコーイの全体像を知ったのであった。もともとツランと呼ばれる歴史的空間とそこを舞台とした諸民族をそのまま含みこんで成立したのがソビエト連邦だったことを思えば、これは異常なことではない。ソビエト連邦とは民族構成から見れば、ロシア人の支配のもとにツラン諸民族を統合した「ツラン国家」にほかならない。そしてソ連邦崩壊後のいまもなお、そこではこの名を題にした学術書が次々に出版されていて、私はこれらの出版物から多くを学びながら、いまこの本を書いている。最も最近になって手にしたのは、二〇二〇年にバクーで復刊されたラスルザーデの『カフカス問題との関係におけるパントゥラニズム』(Paris, 1930) である。

†日本でのウラル・アルタイ学

一九五三年に東京外語でモンゴル語を学びはじめた私は、誰のさそいだったかはおぼえていないけれども、駿河台の明治大学で開かれた、アルタイ語研究会のような催しに参加した。当時順天堂大学でラテン語とドイツ語を教えておられた村山七郎氏がトルコ語のテキストを配ってトルコ語で読んでトルコ語の話をし、あとで知ることになるのだが、戦時中ツラン主義を高々ととなえた今岡十一郎氏も出席しておられた。当時氏の名前は「ハンガリー語四週間」の著者として知るのみだった。

戦後のあの頃は、大学だけではなお足りず、その外に、いろいろな「学問へのさそい」があふれ出していて、学生も試験や資格ではなく、夢を追う若者だった。東京外語に入ってすぐに、私は「ドイツ語で共産党宣言を読む会」の張り紙を見て出かけ、そこで知り合ったのが、ドイツ語のやはり新入生で、貼り紙を書いた金子亨《とおる》であった。この会で私のドイツ語には、とりたてて言えるほどの進歩はなかったが、金子は、私の影響で言語学をやるようになった。かれは私に数年おくれでドイツに留学し、そこでIDS（= Institut für deutsche Sprache ドイツ語研究所）の研究員になった。帰国後は千葉大学に職を得て、そこに「ユーラシア言語文化論講座」を設けることに成功した。その後金子は亡くなったけれども、この講座は、世界でも貴重な、アイヌ語、北方アジア少数言語研究の拠り所となって今に至っている。

また東京外語における私の言語学の師はハンガリー語の徳永康元先生だったので、私はこの先生から長年にわたって影響を受けた。あとで書くように、先生からいただいた論文「片目考」も、この本を書く一つの動機になっている。このように一九五〇年代の日本は、ウラル・アルタイ語の研究に従事し、またその研究を絶やさず、若い世代につなげようという、ツラン主義の残党のような人たちに満ち満ちていたという印象を私は抱いている。

そのころまた、ソ連におけるアルタイ学を率いていながら、粛清のあおりで命の危険を感じたために、ヴォルガ下流域にある、カルムィク草原を占領したドイツ軍をたより、ソ連からアメリカに亡命して、はじめてアメリカにウラル・アルタイ研究の道をつくったニコライ・ポッペが、二、三度東京駒込の東洋文庫に現れ、研究中のときに知り合った。

ポッペ博士はパンツ一枚で真夏の東洋文庫の暑い書庫の中をうごめいていた。私には真夏の暑さよりもポッペのからだから発する熱のほうがまさっているように思われた。そのときポッペが嘆いていたことばが忘れられない。ウラル・アルタイ諸語の研究は大部分がドイツ語とロシア語で書かれているのに、アメリカの学生は英語しか知らないので途方に暮れていると。なんだアメリカってそんなくだらない国かと思っていたら、今の日本の大学もまたそのころのアメリカと同じようになってしまった。今日のアメリカの言語学の主要部分は亡命ユダヤ人に負うていると同様に、ウラル・アルタイ学はそれ以上に多くの亡命者たちがヨーロッパから持ち込んだ学問である。

†言語学研究の二つのアプローチ

日本にウラル・アルタイ説がもたらされ、学者たちがそれに関心を抱いたのは、何よりも、日本語の起源にかかわる動機があったからである。少なからざる数の人たちが、このウラル・アルタイ諸語と日本語との同系関係をつきとめようと野心を抱いて挑戦した。戦後、私が知っているだけでも、『日本語の起源』の題名で書かれた本が一〇冊くらいはある。それらのすべてが、これこそが本物の科学的方法だと主張する、一九世紀ドイツの

「青年文法学派」の発明した「音韻法則」をよりどころとした研究だ。「音韻法則」などを発見するよりも前に、実際に、朝鮮語なり、トルコ語なり、モンゴル語なり、そんな言語をやってみれば、それらの言語が似ていることに気づく。単語さえ入れ替えれば、文意が通じるくらい、文の組み立てが日本語とほとんど同じなのに驚いてしまうほどだ。外国語はみな英語のような言語だと思っている日本人の言語観を、この経験が変えてしまうであろう。そして困ったことに日本の知識人の大部分がこれらの言語を一度も学んだことがないのである。

ふつう、外国人がはじめて外国語に接して、ああこれは文章の組み立て方が全く逆だとか、「ああ似ている」などと思うのが、言語類型論的な観点である。日本のウラル・アルタイ語への接近も、まず、この類型論的な関心が動機になっている。ところが言語学が専門の人たちは、類型論的な研究は、「言語研究を学問以前の状態へひきもどす」ものだとさえこきおろす。これは一九世紀に芽生えた自然科学主義——科学はたいせつだが、科学主義はその科学の原理に対して批判的な精神を失い、教条主義的に盲信する、非科学的な態度のことを指す——のとりこになっているからである。事態は今日、「音韻法則」にのっとってアルタイ語を研究する人だけがアルタイストであって、類型論による研究者はアンチ・アルタイストだと断言するまでに至った(『日本語の起源』九八頁における村山七郎の発言)。とすれば、本書はアンチ・アルタイストが、熱烈にウラル・アルタイ説を説いた一冊である。

†ことばとアイデンティティ

私がこの本を書いているさなかの二〇二〇年夏に、中国の当局が、内モンゴルの小中学校でモンゴル語を教えるのを禁じたというニュースが報じられた。そうしているうちに、九月一四日に、ドイツの友人たちから、中国政府に抗議して、ヨーロッパ委員会のフォン・デア・ライエン委員長と、メルケル首相にあてて書いた公開書簡を送ってきた。

そのうち日本でも内モンゴル人たちの抗議活動がはじまり、私は千葉大学の児玉加奈子教授からそのことを知らされて、九月一二日のデモに参加した。デモは思ったより大規模で一〇〇〇人は超えているように思われた。内モンゴルからの留学生を、一橋大学大学院時代に何人か引き受けたが、かれらの姿は見かけなかった。たぶん当局の監視の目をおそれたのだろう。そのうちの一人は、私がデモに参加したといううわさをどこかで聞いてきたのであろう。先生、久しぶりにいい運動になりましたねと、からかったような手紙を送ってきた。言うまでもないことだが、デモは運動のためにやるものではない。研究者にはよくあることだが、かれらの母語モンゴル語は、単に商売道具であって、身をもって守るべき対象ではないのだろう。

中国ではおそらく、ウイグル語やモンゴル語のような非文明語は、――いずれもアルタイ語だ！――ウイグル人、モンゴル人本人にとってもめいわくな言語だから、なるべく早く、こんな劣った言語はやめて漢語（シナ語）に入れ替えたほうが本人たちのしあわせになるのだという信念があるのかも知れない。「脳の中のことばの入れかえ」――これは二〇〇年ほど前のフランス革命時代にフランス人たちが考えたことの再現だ。一七九四年に国民公会でバレールが行った演説が思い出される。

我々は、政府も、風俗も革命した。さらに言語も革命しよう。連邦主義と迷信は低地ブルトン語を話す。亡命者と共和国への憎悪はドイツ語を話す。反革命はイタリア語を話す。狂信者はバスク語を話す。（『ことばと国家』一〇三頁）

おくれたヤバンな民族のことばは誤った思想のタネであり、これをやめさせて文明語に入れ替えれば、その民族にとってもいいことだと。

これはチョムスキーの言語観とも食い違っていない。人間はすべて、普遍文法を身につけて生まれているから、どんな言語でもとりかえられる。かれらの身につけたできの悪い母語を、りっぱな文明語に入れ替える。こうすれば全世界は単一のとはいかなくとも、いくつかのすぐれた文明の屈折語で統一できる……。

日本にも同様な考えを抱く人たちは決して少なくないかもしれない。私の言語学はこのような単純な考えを抱く人たちとの思想的なたたかいだ。

この問題は本書のテーマには直接関係はないかもしれないが、人間と言語との関係を考えると間接的には常にかかわってくる問題なので、本書の背景をつくっている。読者もまた、こうした意識を背景に持ちながらこの本を読みすすんでいただけるよう願っている。そうすれば本書が説こうとすることが、よりはっきりしてくるであろうと思う。

第一章 ウラル・アルタイ説の出現とその道のり

1　ウラル・アルタイ語族はどこにどう分布しているか

†ウラル山脈とフィン・ウゴール語族

ウラルもアルタイも、いずれも山系あるいは山脈の名である。ウラル山脈とは、ヨーロッパとアジアとを分かち、北から南に走るおおよそ二〇〇〇キロの山脈で、北の最高点が一八九四メートル、南にむかって次第に低くなり、南端近くのヤマンタウ（一六四〇メートル）をもって終わる。このヤマンタウのタウは、タタール語で「山」という意味である。タタール語の仲間のトルコ語は「ダウ」（dağ）であり、このダウは方言によってタウ、タクともなり、日本語のタケ（岳、嶽）と同源であるととなえる人もいる。それほど峻険というわけでもないが、ウラルをヨーロッパ人はこれをもってシベリアを含む、未開なアジアとの境界だと見てきた。その南端はカスピ海、アラル海などの大湖へとつらなる平原となって終わる。

このウラル山脈を中心に住む諸民族の言語は相互によく似ていて、それらをまとめて、ウゴール（あるいはウグリア）語族と呼び、これらと親縁関係にある有力なヨーロッパ最北西端にある言語としてフィン（ランド）語があげられる。

さらに、このフィン語と関係の深い言語として、有名なものにハンガリー（マジャール）語がある。ハンガリー語は北欧フィンランドからかなり離れた南で話されているが、この二つの言語は、同じ起源のものであると確証されているので、これらをまとめて、「ウラル諸語」と呼ばれているのである。まわりをヨーロッパ語によってとりかこまれ、孤立しているハンガリーとフィンランドからはげしい情熱に駆られたウラル・アルタイ語研究が開始されたのは、まったく自然なことである。

言語の分布状態から見ると、フィンランド語とハンガリー語は、もとは一つらなりの広域に分布していたのであるが、そこにはのちにゲルマンやスラヴの諸言語が貫入して来た結果、南北に分断されてしまったのだとの解釈もできるのである。自分たちとその言語は何故このような状態にあるのかという問いが、かれらを研究へと駆りたてる一因ともなったのである。

†アルタイ山脈とトルコ族

一方、アルタイとは、モンゴルとカザフスタン、キルギスタンとの境界をなす峨々たる山脈で全長ほぼ二〇〇〇キロにわたり、最高峰は四三七四メートルの、氷河をもったフイトゥン（寒い）山である。この名は、ソ連・モンゴル共同登山隊が登頂したことにちなんでモンゴル語で「ナイラムダル」（友好）という新しい名にとりかえられた。相撲取りの日馬富士《はるまふじ》が、土俵に上るたびに「モンゴル、ゴビ・アルタイ出身」と紹介されるから耳なれた名だが、このゴビ・アルタイとは、このアルタイ山脈が、コビ砂漠地帯につながる一帯を指している。

アルタイ山脈とは、その山麓を中心に、モンゴル語とトルコ語の諸方言が話されている象徴的な名である。モンゴル語アルタン（altan）、トルコ語アルトゥン（altn）はいずれも黄金という意味で、アルタイの語源と考えられている。

今日、トルコ語は、アルタイ山脈よりはるか西の、ヨーロッパに近いトルコ共和国を本拠に話されているが、満洲北西部のアルグン（額爾古納）河畔に発祥し、もとは、今のモンゴル国の中部から西部にかけての一帯を本拠としていて、その最古の文字記録は、モンゴル国の中部から発するオルホン河畔で発見された、オルホン碑文に刻まれた文字——突厥文字であって、このあたりがトルコ族のかつての中心であると考えられている。

今日、モンゴルの西北部につらなる、トゥバ共和国（ロシア連邦）には、突厥文化のなごりである、数多くの石碑・石像群が残されている。突厥碑文のトルコ語を解読したのはデンマークの言語学者トムセンであった。一九九三年に、解読百周年を記念して、トゥバでは国際シンポジウムが催され、私は招かれてそこに出席した（『シベリアに独立を！』一五六頁）。

トルコ語に似た言語を話す一群は、シベリア東北部にいるサハ人であって、かつてはヤクートと呼ばれていた。ヤクート語の最初の文法を書いたのはロシア生まれのドイツ人、オットー・ベートリンク（Otto Böhtlingk）で、ボン大学でアウグスト・シュレーゲル（あとで述べるフリードリヒ・シュレーゲルの兄）のもとで、サンスクリットを学んだのち、シベリアの東のはずれのテュルク語ヤクートの文法書、*Über die Sprache der Jakuten*, 1851を書いた。一九六四年にアメリカで出たリプリント版を読んで、そこに引かれた神話のテキストとともに、私はいたく感激したものである。

このようにトルコ語とその同胞言語は、ヨーロッパのイスタンブールからシベリア東北部のヤクート（サハ）にまで広域を占めていて、それらをまとめて、言語学ではテュルク諸語と呼んでいる。これは、ロシア語でトルコ語をトゥレツキー（турецкий）と言うのに対して、それ以外の同胞言語をテュルクスキー（тюркский）と呼んでいるので、それを日本語に導入したものと思われる。英語ではトルコ語をターキッシュ（Turkish）と言うのに、それ以外をターキック（Turkic）諸語と呼んで区別するのに並行している。

†トゥングース語と満洲

モンゴルの東と北には、トゥングース諸語とひとまとめにされるグループがあるが、この語群がめだたないわけは、その話し手が少数で、しかも、今日独立の国家をもっていないので、ますます無視されやすいのである。少数言語の独自性は、絶えず国家語たる標準語から攻撃を受けて脅かされているのである。

ツングース（日本ではこう通称される）諸語の中で比較的よく知られているのが満洲語である。満洲語は一九一一年まで、中国を支配した清朝の公用語であり、多数の文献を残しているために、ツングース語のなかでは最もよく研究された言語である。

「満洲」という名は、「洲」という文字がついているために、地域名のように誤解されやすいが、そうではない。マンジュという名で呼ばれる民族の名を写した漢字のせいである。

ちょうどモンゴルという民族がいて、かれらが住む地域を呼ぶのに、英語でモンゴリア、日本語では、モンゴルと呼ぶのと同様に、マンジュという民族が住んでいたから、その土地もマンジュと呼び、英語でManchuriaと呼び、書く。そのマンジュを漢字で満洲とうつしただけであるから、「洲」という名がついているからといって地域名ではない。現中国が「満洲」という語を用いたがらないのは、かつてマンシュー族に支配されていた事実を認めたくないというだけの理由にすぎない。「満洲」という名は、清朝を創始した初代の皇帝ヌルハチ（一五五九〜一六二六）が、熱心な文殊（マンジュシリ）菩薩を信仰する人だったので、それにちなんで自民族に「満洲」の名を与えたという説があり（『アジア歴史辞典』三上次男執筆）、私はこの説が気に入っているが、岡田英弘が何度にもわたってそれを強く否定した。なぜかれがそのように、満洲が文殊でないと頑張ったのか、たしかめようと思っているうちに岡田は死んでしまった。

したがって、日本の助けで作られた「満洲国《マンジュ・グルン》」は、アルタイ語族のモンゴルと並ぶツングース族の唯一の国家であったが、わずか十年余りの命しかなかった。マンジュー民族とマンジュー語のためには残念なことであった。日本がせっかく作った満洲帝国は、満洲語を国語にしなかった。これが何よりも「帝国」のカイライ性をばくろしている。皇帝になった愛新覚羅《アイシンギョロ》溥儀氏も、日本のアルタイ学者も満洲語を国語にと主張しなかったのはなぜだろうか。ちなみにアイシンとはモンゴル語のアルタン、トルコ語のアルトゥンにあたる、共通起源語である。

短命な満洲国にどこか輝かしい面があったとすれば、そこを頼って逃げてきた亡命タタール人とユダヤ人のやどりの場であったからではなかったかと痛切に思われる。亡命タタール人たちは、一九三五年に奉天（今の藩陽）で開いた「極東イデル・ウラル・トルコ・タタール文化協会クリルタイ」で「夜学校を開設し日満両国語を修得する」と要望を述べた（松長昭『在日タタール人』二〇〇九年）というが、ここに言う「満語」とはシナ語のことであり、満洲語を国語にするなどという発想は、支配した日本人にはみじんもなかったのである。

†いまも生きている満洲語

満洲語についてはいろいろと思い出がある。東京外語のモンゴル語学科では、当時、若きアルタイストだった小沢重男先生が、モンゴル語の授業を割いて、数時間満洲語を教えた。私はよくない学生だった。というのは、その文語はあまりにも硬く、これが人間の口で実際には話されたことのない言語のような感じがしたからである。しかも満洲語は清朝（一六三六～一九一二年）時代、清国の公用語だったし、ユークリッドの幾何学などもこの言語に翻訳されたというのに、その後ほとんど絶滅したも同然だという話を聞いていたから、なおのこと実感のない言語だった。

ところが二〇〇四年だったと思う。満洲のハイラルで催された国際ツングース語学会に招かれハイラルに向かう途中、北京から汽車に乗り合わせ、たまたま同席した老人の乗客が何やら理解できないことばで談笑していた。あんたたちは何語で話しているんだとたずねたところ、「シベ（錫伯）語だ。生きた満洲語だ。話し手は一〇万人くらいいる」と教えてくれた。そしてこの二人もハイラルのツングース学会に行くという。

その後、何年かたって中国からの留学生、包聯群《パオリエンチユン》さんと知り合った。彼女とは、二人でノモンハンの衝突の発端となった、ノモンハン・ブルド・オボーを見るために危険きわまりない冒険的な旅をしたことがある。それについては、ここで記すことはできない。

彼女の研究報告によると、シベ語ではなくとも、満洲語そのものにも今日、一千万人もの話し手があり、黒竜江省三家子（ilan boo toksa）における満洲語復活運動のありさまがつぶさに伝えられている。（「消滅の危機に瀕する満洲語の社会言語学的研究」『現代中国における言語改革と言語継承』第二巻、三元社、二〇一五年)。彼女は日本のどこかの大学で研究を続けたいと言うので、東京外語か、私がその開設にかかわった一橋大学大学院の言語社会研究科に入ってほしかった。しかしいずれも不合格にされた。聞いてみると、いずれの大学院の試験官にも契丹《きったん》語についての知識がなかったらしい。彼女は中国では契丹語研究者のあいだで知名の人である。結局東京大学大学院には、フランス人の先生がいて、その人が彼女の研究を理解して採ってくれたという。日本の東洋学も地に落ちたものだ。

ちょっと前、ベルリンの自由大学の日本学研究室を訪れたとき、隣の部屋に満洲語の先生がいるから、ちょっと会ってみたらと言われた。研究室にはメンデ(Enling von Mende)という先生がいて、この人に挨拶をして、しばらく話をした。日本人は戦争に負けると、ことばの研究もやめてしまう信念のない人たちだ。今、日本のどこかの大学で満洲語の研究が続けられているのだろうか。ちなみに、契丹語は遼を築いた民族が用いた言語で、モンゴル語にも満洲語にも近い。いずれにせよ、アルタイ系の言語であったと推定されている。ロシア語では中国のことをキタイと呼ぶが、これは契丹に由来することは知っておいてほしいことだ。

†アルタイ語のなかまたち

アルタイ諸語とは、以上述べた⑴テュルク、⑵モンゴル、⑶ツングースの三つの語群をまとめて総称したもので、その地理的ひろがりは実に巨大で、東北アジアからヨーロッパとの境界をなすトルコにまで及ぶものである（一八八〜一八九頁の地図を見ていただきたい）。つまりユーラシアの大部分に先住したのはウラル・アルタイ語を話す諸民族で、その後ロシア語とシナ語がそこに貫入して、この地域を言語的に分断したのである。また、ヴォルガの西側、つまりヨーロッパにはカルムィクというモンゴル系の言語と、それを話す民族がいることを忘れてはならない。かれらは一七世紀に中国を去って遠くヨーロッパまで仏教を運んだから、ヨーロッパにおける唯一の仏教徒となった。また一八一二年にフランス軍がモスクワに侵入したとき、かれらと、近代的武器でなく弓矢で果敢にたたかい、パリにまで追撃したから、武勇の民族としてヨーロッパにはよく知られている。

東アジアには、今日国家をもってはいるが、その言語が単純にアルタイ諸語だとは言いきれない二つの言語の国家がある。それが、日本語と朝鮮語である。

朝鮮語（韓国語をも含む）はツングース語と関係が深いとされ、日本語よりはアルタイ語に属する度合いがより高いとされるのに対し、日本語は、さらにアルタイ語から遠いところにあるとされるが、日本語＝アルタイ説は、はじめに書いた、一八五七年のアントン・ボラーさん以来、くりかえしとりあげられ、まったく否定されたわけではない。私などは、日本語の中にはいくつものアルタイ的特徴が濃厚に認められるから、基本的にはアルタイ語だと考えている。

以上、述べてきたところを、ずばっと次頁のような系統図にまとめてみよう。この明快かぎりない図は、ソ連のアルタイ学者バスカコフさんが作ったものである。

2 最初に気がついたのは――スウェーデン人のストラーレンベルク

†ロシアのシベリア研究

一七〇〇年から二一年まで続いた、ロシアとスウェーデンとの間で戦われたいわゆる北方戦争において、一七〇九年にロシアが圧勝したポルタワの戦いで、スウェーデン軍の捕

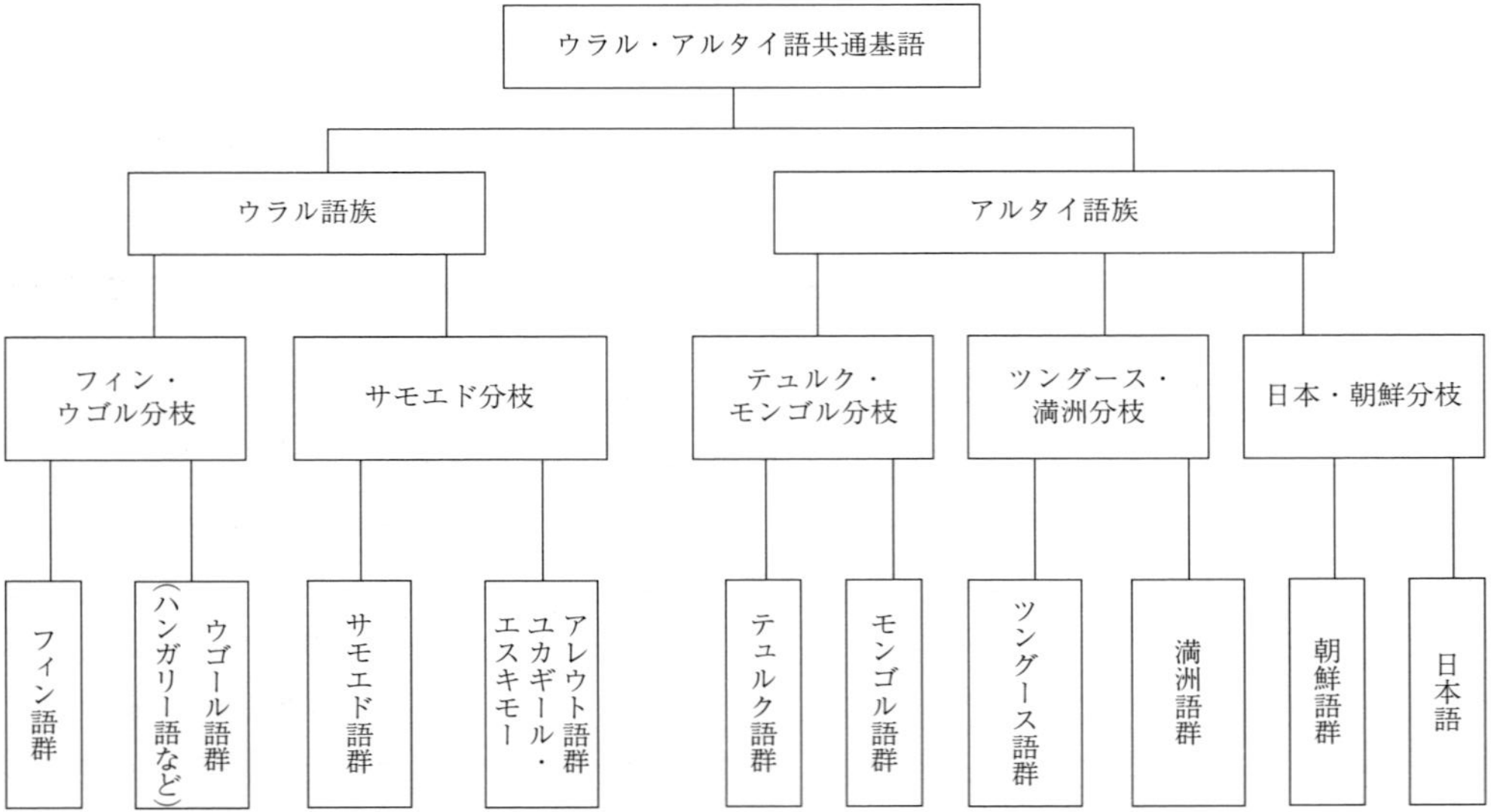

N.A. バスカコフ『アルタイ諸語とその研究』モスクワ、1981年、P.8

虜約二万二〇〇〇人がモスクワに送られた後、そのうちの九〇〇〇人がさらにシベリアに送られた。そのうち一〇〇〇人はウラルを越えた東のトボリスクにいた。ロシア人はこのようにして、自らはシベリアには行くことなく、外国人の研究者や戦争捕虜、さらには政治犯などをシベリアに送って、シベリア開発をすすめた。この伝統は今日でも変わらずに続いていて、第二次大戦後、六〇万人もの日本人がシベリアの開発に大きく貢献したのである。

だから、シベリア研究の歴史を見ると、メッサーシュミット（一六八五～一七三五年）、ベーリング（一六八一～一七四一年）、J・G・グメーリン（一七〇九～一七五五年）などドイツ人やデンマーク人、スウェーデン人などの名前に満ちあふれている。私は一九五三年に東京外語のモンゴル語科の学生になるとほとんど同時に、言語学の徳永康元先生の門下に入り、大学やおうちで先生に会うと、たちまち、こういう、寒いところばかりを選んで探検を行った人たちの話を聞かされるのであった。トボリスクは、その一帯を支配していたシベリア・ハーンのクチュムを破って、コサック軍の長、イェルマークが築いた町である。

†タッベルトの言語分類

トボリスクに送られた捕虜の中に一人のスウェーデン人、フィリップ・ヨーハン・タッベルト（一六七六～一七四七年）がいた。当時三三歳であった。

かれは比較的自由な捕虜生活の中で、この未知の世界に魅せられ、馬を手に入れて山野をめぐり、植物、鉱物の観察を行い、シベリアの地図を作った。世界最初のシベリア地図である。

タッベルトは、たまたまトボリスクを訪れていた、ドイツからやってきた有名な旅行家メッサーシュミットに従って、その探険旅行に加わった。地理研究のほか、タッベルトは、シベリアに分布する原住の諸民族の言語がたがいによく似ていることに注目し、タタール諸族の言語三二種と、これにカルムィク・モンゴル族の言語をしらべた。そしてこれらの言語の基本語彙六〇（数詞を含む）を比較研究してシベリア土着の言語を六類に分類し、その第一類を「フィン・ウグリア語」、第二類を北方チュルク語、第三類をサモエド語、第四類をカルムィク、満洲語、タングート、第五類をツングース、パレオアジア、ウグリア、第六類をカフカス諸語とした。

かれの直接経験の少ない言語も、ここに意欲的に加えられているが、それを除けば、全六類の前半一、二、三類は、ウラル・アルタイ語にあたるもので、これら諸言語のグループ化をはじめて行った、先駆的試みといっていいだろう。その方法は、今日の水準からみて、それほど体系的ではないとしても、とにかく「分類」を試み、その後にいう「ウラル・アルタイ」を二つのグループとして類別する作業の最初の試みを行った点で大いに注目すべきだろう。

タッベルトは、一七二一年に北方戦争が終結し、釈放されて故郷に帰ることが許されても、それを断って、メッサーシュミットの探検隊と共に旅をつづけ、二年たってはじめて故郷に帰ったのである。つまり、タッベルトの研究は、一三年間にわたるシベリア滞在の成果である。

フィリップ・タッベルトには二人の兄弟がいて、かれらもまたロシアとの戦闘で示した勇気と剛胆さによって貴族に列せられ、一族は、フォン・ストラーレンベルクの名で爵位を得た。したがってタッベルトの地図を主体とした著書も、その名を冠して、ストックホルムで一七三〇年、ドイツ語で出版されたのである。ストラーレンベルクはもしスウェーデン語なら末尾の発音はベリイと書くべきだろうし、ドイツ語ならば、はじまりはシュトラーレンとなるべきだろうが、私はゲルマン諸語の専門家ではないので、はっきりしたことが言えず、ここでは通例にしたがってこのように呼んでおく。

3　ライプニッツの進言からエカテリーナ女帝の博言集への発展

†人間にとって世界で最も重要な秘密

この栄誉あるストラーレンベルクの業績は言語学史の中にほとんど現れたことがなく、本書でその内容を述べるのが日本でははじめてかも知れない。私がとにかくこの人のことを知ったのは一九六六年にソ連で出版されたM・G・ノヴリャンスカヤの書物によってである。

人間の言語が一つではなく、たがいに通じないいくつもの異なる言語があるという発見がなければ、言語学という学問が生まれなかったことはたしかである。一九五〇年代になってチョムスキーは、言語の相違をこえて、生理的に人間のアタマには共通の普遍文法が宿っているという考えを展開したが、これは一七世紀ヨーロッパの古めかしい思想を新しく焼きなおしたものであって、科学よりは神学に近いものだ。なぜ神学かと言えば、人間の言語はすべて、神が作ったアダムに神が与えたり、作らせたりした言語に由来すると言うのが聖書の教えだからだ。人間が人種にかかわらず、人間という種にそなわった能力として、ひとしく言語獲得能力をもっていて、あらゆる言語を身につけることができるというのは当然のことであるが、その当然であることを新しい方式を用いて再び持ち出したのがチョムスキーの新説たるゆえんである。

そのような一種の神学的思想をこえて、現実にある言語の多様性に、つきることのない好奇心を抱き、それをロシアの所有になったシベリアの諸民族のもとに、実際に調査させようと企てたのがライプニッツ（一六四六～一七一六年）のたくらみであった。

ドイツの数学者ライプニッツは、ことばにはさまざまなものがある（リクツから言えば、いくつものことばがあるのは人類にとってムダなことなのに）ことに深い関心を寄せ、とりわけウラル山脈以東にまでコサックの軍団が征服した時代のロシアのピョートル大帝（一六七二～一七二五年）に、征服したシベリア一帯の言語を調べるよう促していたが、それは、ピョートル大帝に続いてロシアを治めた女帝エカテリーナ二世の時代に実現したのである。こうして、人間にとって世界の最も重要な秘密が明らかになってきた。

†パラスの比較語彙集

シベリアの諸言語の調査をひきうけたのは、ベルリン生まれのP・S・パラスというドイツ人であった。一七八七年と一七八九年に刊行された『全世界言語比較語彙』(*Linguarum Totius Orbis Vocabularia comparativa*)は二〇〇の言語だの方言だのの単語の比較語彙集であった。ロシアの女帝になったドイツの女が、言語学に全く新しいページを開く、歴史的な大事業を達成したのである。

エカテリーナ女帝自身は、ドイツの田舎貴族の出身であったが、結婚させられた夫のピョートルが大人になっても、おもちゃの兵隊の人形遊びをしているような頼りない夫だったので、こんな男にロシアをまかせてはおけない、自分こそがロシアの母にならなければならないと考えてロシア語を身につけ、ロシアの学問を統合推進するための科学アカデミーを作ったりして、ロシアを世界の一流国にするために大いに尽力したのである。そのことは、アンリ・トロワイヤの『女帝エカテリーナ』(上・下、工藤庸子訳、中公文庫)によく書いてあるので、この本をぜひ読んでいただきたい。

そのライプニッツであるが、かれはとりわけマジャール語とスオミ語との関係、トルコ語とモンゴル語、満洲語との関係に関心をそそられた（G.v.d. Gabelentz, *Die Sprachwissenschaft*, 1901(2)27）というから、ライプニッツこそがウラル・アルタイ説の元祖と言っていいかもしれない。

こうしてできたパラスの『語彙集』が刺激となって、さまざまな未知の言語を集めた博言集が現れることになった。有名なものに、ドイツ人のヨーハン・クリストフ・アーデルンクが『ミトリダーテス』に、約五百の言語、方言の見本を集めて、一八〇六〜一七年にかけて刊行したことが知られている。ミトリダーテスとは古代ギリシアの王様の名前で、この人は征服した二二の民族のことばを話すことができたと伝えられ、この語彙集の名は、その多言語に通じた人の才にたとえたものであろう。

†言語と文学

こうして言語の多様性が知られてくると同時にまた、それらの言語で書かれた作品――文学にも関心が寄せられてきた。その現れの一つが、ヘルダーの『民族のうた』（*Volkslieder*, Leipzig, 1778）である。この詩歌集はヘルダーの没後、妻のカロリーネなどによって『うたに表れた諸民族の声々』（*Stimme der Völker*, 1807）という印象的な書名をつけて出版されて以来、大変有名になった。そこには西欧のみならず、リトアニア、ラトヴィア、エストニア（これはウラル系言語だ）など、その周辺のへんぴな地方の詩歌がドイツ語訳で収められ、これらの言語にはまた文学も存在することが知られるようになったのである。

第二章

言語の同系性を明らかにする方法

1　青年文法学派と音韻法則

†考えも表現も文法の中に現れる

　ある言語とある言語が「似ている」と感じるのはどういう場合だろうか。共通の単語が多いだけでは似ているとは思わない。日本語の中にどんなに英語をとりこんで、「私はこれからハンド・ウォッシュするからね」と言っても、日本語が英語に似てきたとは言えない。より高級そうなソーシャル・ディスタンスだの、アラートとかを代わる代わる入れて話してみたとて、それで、日本語が英語に似てきたとは言えない。ところどころレッテルを貼りかえているだけで、骨ぐみは変わらないということは、たいていの人が理解している。見かけはちがっても、それは上っ面だけのことで骨ぐみじたいは変わらない。で、骨ぐみとは何か、言語学では、仏、英語などのstructureを翻訳して「構造」と言うが、その背景にあって、「構造」を作るものと言えば、ちょっと抽象的になるが、かんじんなのは人々の考え方の表現方法だ。

「考え方」も「表現方法」も、人間のアタマの中、いな、もっと深く言えば心と体の全体の中にひそんでいるが、より強く「文法」の中に現れる。こう考えると、「文法」こそは私たちの骨身にしみこんでいる土台のようなものだが、これが話す本人にとっては最も意識されにくい。あまりにも当然すぎて、意識されにくいものである。誰でも日本語を、意味の通るように話しているけれども、日本語の文法は、日本語を話す人ならみな知っているはずだが、その文法を言ってみろと言われたら当惑してしまう。つまり、文法を知識として持っているわけではない。その話し手にとって、文法とは、知識以前の知識、意識されない「第二の本能」のようなものであるのに、それを変化表のようなものにまとめると、とたんに私たちから遠い、やっかいな、うとましいものに思われてくる。日本語の動詞の活用表が「文法」だといって教えられても、それが、話し手の意識に結びつくわけではない。文法を意識化するのはじつに厄介なしごとだ。それは書いてしまえばあたり前のことだが、ことばで言い表そうとすればむつかしい。どこまでやれば、これが私たちの気持ちにぴったり合った文法だというものにたどりつけるかわからないふしぎなものだ。

†音韻法則

近代言語学で言う「起源が同じ言語」とは、元来一つであったある言語が、その話し手集団の一部が移住して別のグループになり、その分離によって、新しい環境に適応するためにことばが変化して、別のことばができるけれども、それでも元来の特徴をもっているから、似ている。つまり共通の祖型にさかのぼるという考え方にもとづいている。その共通の祖型になるものは実際には存在しないまったく不確かなものであるが、これに当時のドイツ人は祖語（Ursprache）という名を与えた。祖語は何からできているかと言えばオトである。オトは口から発したとたんに消えてしまうはかないものだが、「祖語」ということばを与えると、たとえ不確かなものでも、実在したかのような錯覚を与える。

ことばの中で、人間の意志が自由にはたらけば、何ごとも変化するが、人間の意志が最もはたらきにくいのが、ことばの中の部分でもオトである。つまりオトは言語の中でも、話し手の意志のはたらきをまぬかれて、比較的自立している。そのような変わりにくいものが変わったとき、その変化は、ある法則にしたがって、人間の意志にかかわりなく、人間の外で「外的に」変化するのだと考える人たちがいて、いまもこの考え方が多くの人を支配している。だから、オト——すなわち発音の変化に人々は注視する。たとえば英語とドイツ語の間では次のようなオトの対応がある（ドイツ語では名詞のはじまりは大文字で書くという習慣にしたがう)。

	ドイツ語	英語	
(1)	Tag	day	
	Teig	daugh	ドーナツの「ドー」でパンなどに焼く前の生地《きじ》
	trocken	dry	
	Tier	deer	英語では鹿という意味にせばまったが、ドイツ語では動物というもとの広い意味を保っている
(2)	zwei	two	
	zehn	ten	
	Zweig	twig	枝
	Zahn	tooth	
(3)	Kind	child	

Kirsch　　cherry
Kirche　　church
Kinn　　chin　あご

というふうに、(1)ではドt—英d、(2)ではドz（ツと発音する）—英t、(3)ではドk—英chという対応がある。ここではほんの一部の例しか掲げないが、これら一連の対応関係を発見したグリムをはじめ、ドイツの言語学者たちは感激してGesetz（ゲゼッツ　法則）と呼んだ。変化には人間の自由とはかかわりのない超人間的な法則があって、その言語を話している人間は変化に抵抗したり反対することができずに、「例外なく」その変化に従うから「法則」であり、科学になり得るのである。

一八七八年にオストホフ（一八四七～一九〇九年）とブルークマン（一八四九～一九一九年）が、『形態論的研究I』の序文に書いた次のような文章は、言語学史上、青年文法学派のマニフェストと見なされている。

すべての音変化は、機械的に進むかぎり、例外のない規則に従って生じる。すなわち音変化の方向は、一つの言語共同体《なかま》に所属するすべての成員のもとでは方言分裂が生じないかぎり同一であり、その音変化にさらされた音が同じ状況で現れるすべての単語は、例外なくその変化におそわれる。

そして、さらに

この音変化は、話し手の気づかぬままに（unbewußt）、純粋に機械的に、盲目の自然の必然性をもって（mit blinder naturnotwendigkeit）作用する。

と宣言したのである。なおこの文は、たぶんグリムの主張に従って、名詞のはじめは大文字で書くという、ドイツ語のわずらわしい規則を無視して書かれている。

†エンゲルスと青年文法学派

この決然とした、断固たる宣言が言語学を人間科学の中で最も進んだ学問だと、あがめられるきっかけを作ったのである。じつは同じ年にエンゲルスが『反デューリング論』を発表したが、かれが商品生産の法則を論じた箇所にも、同様な表現が次のようにほとんどそっくり現れるのを私は驚きをもって眺めた。

これらの法則は、生産者から独立して、生産者の意志に反して、盲目的に作用するこの生産形態の自然法則として自己を貫徹するのである。

この引用はもっとよく読まれて有名になった『空想から科学へ』(一八八二年)にもそっくりそのままの形で現れる。『空想から科学へ』は『反デューリング論』からの抜粋により作られたものだからである。さらに驚くべきことに、その『反デューリング論』は、さきにあげたオストホフとブルークマンの「青年文法学派」のマニフェスト(K・ブルークマン)と呼ばれる「序文」が書かれたのと同じ年に出たのである。ここでは原文をあげて、いかにこれらのテキストがよく対応しているかを示したいところが、日本の総理大臣の口ぐせをまねて「差し控える」ことにする。それは話をごまかすためではなく、読者にとってわずらわしいかもしれないと思うからである。

この言語学者と、マルクス主義の創始者の文章が一致しているのは、一つの時代精神が、異なる分野で同じ表現を見出したとも考えられるし、あるいは、どちらかが他方を知っていて、異なる分野で同じ発想があることに気づきながら、それぞれの分野におけるそれぞれの成果を記したものとも思われる。私はたぶん、すこぶる勉強家で、とりわけ、言語学の動きにも強い関心のあったエンゲルスが、青年文法学派の動きに目ざとく気づいて、それに感応して、書かれた文章だという立場をとりたい。

当時は研究者がテレビだの、そのほかさまざまな、今のように研究をじゃまし、時間を奪う文明の道具にわずらわされる度合いが低かったから、芸能人のうわさ話などに気をとられたりすることなく、科学の全体の分野に通じていたからだろう。だから今のように、学問が専門に分けられ、それぞれの領域に分断され、学者が個室に閉じ込められた囚人のような状態ではなかった。まことに文化栄えて学問おとろうである。

2 自然科学主義と青年文法学派

†青年文法学派の「青年」とは

ここに述べてきたのは、私が「自然科学主義」と呼んでいるイデオロギーである。それは自然科学という、人間が作った仮構であるが、すべての現象の背後には法則がひそんでいて、その法則は、人間の意志にかかわりなく、人間の願望から独立して、人間生活の全領域を支配している。その法則を発見するのが、人間の知的いとなみの中で最も価値があるものだという信念である。だから、Lautgesetz（音韻法則）ということばをかれらは手放すことができなかったのである。

かれらとは、オストホフやブルークマンなどの若手言語学者たちのことで、言語学史上、Junggrammatiker と呼ばれている。

私は、すなおにそれを「青年文法学派」と訳して用いてきた。亀井孝は、「わかもの文法学者」（一九七六年）と、漢字を使わないやまとことばで呼んでいるが、京都大学の泉井久之助氏は、一九三七年に、トムセンの言語学史を翻訳したときに、これを「少壮文法学者」と訳している。私は一九九三年に『言語学とは何か』（岩波新書）を書いたとき、印欧語比較言語学の専門家の風間喜代三氏から、青年文法学派は、かれら自身がこのように名のったのではなく、ツァルンケが、「あの未経験な若者どもが」とさげすんで、たわむれにそう呼んだあだ名だとか、弟子たちにそむかれた長老のクルツィウスがそう呼んだのが名前の由来だとかという注意をうけとった。つまり「青年文法学派」とは、この一派がみずから胸を張ってそう誇ってみせた呼び名ではなく、むしろ、「あの血気にはやった未経験の若造どもが」という見下した気持ちを込めて呼んだあだ名と受けとめるべきかもしれない。あえて言えば「チンピラ文法学派」と言ってもいいだろう。いまあらためてこの問題を考えなおしてみると、かれらより二〇歳以上も年上だったエンゲルスはこの一派の自然科学主義態度を心強く感じ、大いに支援、応援したのであろう。

†音韻論受容の実際

ところで、日本でウラル・アルタイ語研究に従事するほとんどの研究者は、まるまる青年文法学派とその方法の信奉者であり、また、比較的最近、アルタイ語比較言語学に身を乗り出したアメリカ人のR・A・ミラー氏もそうである。かれらのすべては、言語の共通起源すなわち親縁関係を証明するには、印欧語比較言語学がなしとげたような、ウラル・アルタイ語全般にわたる音韻法則を発見しなければ、ウラル・アルタイ説は成り立たないと考えているようだ。

一九八一年に翻訳が出たミラー氏の『日本語とアルタイ語』(大修館書店)は、「新」文法学派の「音韻法則主義」に従って、日本語がアルタイ諸語と同系関係にあることを、極めて熱心に説いた書物であると思われるが、その訳者たちが、皆が皆、京都大学で言語学を学んだ人たちであり、したがって泉井久之助氏の息のかかったお弟子さんたちであるに違いない人たちが、この語を「青年」あるいは「少壮文法学派」ではなく、「新文法学派」としているのはなぜであろうか。私は、この新文法学派は、青年文法学派よりもっと新しい、最近の話だろうと思ってとりかかったが、やがて読み進むうちに、おや、そうではない、一九世紀のあの古い話だと気がついたのである。

私の推定では、たぶん、Junggrammatikerを、英語ではneogrammarianと呼ぶ習慣であり、ミラー氏も英語でそう書いているはずだから、それに従って「新-」としただけなのであろうと思うが、一九世紀のこの自然科学主義に染まった一派を、こう訳しただけでは、日本の西欧言語学受容の際の苦闘のあとが、すっかり吹き飛んでしまっているではないかという、私の不満をみじんも感じないでやったような翻訳である。

もしかして、監修にあたった西田龍雄氏も四人の訳者の誰も、新文法学派が一九世紀の青年文法学派だったとは気づいていないのかもしれない。私は、このように、偉大な先生からだいじなことを学ばなかった弟子たちを心から軽蔑しないではいられないのである。

それに、全くそのことに気がついていない編集者もよくない。

ミラー氏のこの『日本語とアルタイ語』の邦訳が出た翌年に、やはり同氏の『日本語の起源』（筑摩書房、一九八一年）の翻訳が出た。こちらのほうは前著『日本語とアルタイ語』の大衆版として出たものらしいが、村山七郎さんが訳者の一人とし加わっているのみならず翻訳監修をやっているので、はるかにわかりやすく、またミラーさんも前著のように学術書として肩を張って書いたようでなく、日本の四つの大学で行った講演にもとづいて自由闊達に書いている。

†アルタイ語の原郷

ここでミラー氏はアルタイ語の「原郷」についてもふれている。氏によれば第一の原郷は「カスピ海東部にあり、それが紀元前二〇〇〇年頃、急激に印欧人が移動し、広がるという大きな変化のためにアルタイ諸語はアルタイ山脈の最南端の方向に居住地を変え、そこに第二の原郷を築いた」としている。

私としてはたぶんそうであったかもしれず、そうでなかったかもしれないと言っておこう。一般の読者には、こうした「原郷」（印欧比較言語学で言うUrheimatをなぞって）の話を聞いてひとまず安心してイメージを描いてもらう必要があると考えるからである。

それよりも氏が熱心に説いているのは、日本における国語学と言語学とのなげかわしい分裂である。言語学での成果が国語学には受け入れてもらえないと。国語学者のかたくなな閉鎖主義が、日本のウラル・アルタイ学の発展を妨げているというのが氏の感想である。私は氏の気持ちがわかるけれども、同調して、そうだそうだと言うわけにはいかない。日本の国語学には「民族文法学」とも呼ぶべき伝統があって、簡単に西洋文法学、国際的文法学とは妥協できないところがあるはずだからである。この点については、これ以上話をすすめないでおきたいが、国語学者にはぜひ、立ち向かってほしいテーマである。

†科学という妄信

自然科学信仰の成果は、時に、人文科学においては、科学とは対極の、一種の神秘主義を生むという結果しか残せなくなる。どのような新発見も新思想も、信仰の対象、すなわち「教条」になったとたん、神秘思想に転化するという例を見あきるほど見てきた。青年文法学派については、H・シューハルトの『音韻法則について、青年文法学派に反対する』(一八八五年)があり、我が国でもすでに一九三五年になされた翻訳があるけれども、この音韻法則については、私がいつも感じてきた疑念を表現すれば次のようになる。

たとえば、ある時までダーグといっていたドイツ人のグループが、ある日突然に、音韻法則だからといって、タークというふうに発音を変えるのだろうか。そんな絵に描いたようなことが言語について起きるわけにはいかないのである。私たちの日常においても、今日から音変化の法則によってフォネ（骨）をホネと発音しようと、法令ではなく法則に従って変えることがあるだろうか。室町時代にこのような音韻変化という事件があったことを、当時イエズス会の宣教師が作ってくれた『日葡辞書』（一六〇三〜四年）のおかげで知ることができるのではあるが。

こうしたオトの変化が起きる現象のプロセスは、一九六〇年代になって、アメリカの社会言語学者たちの並みでない努力のもとに明らかになった。言語を話している人たちの言語に対する立場は、その人の属する階層、職業、年齢、性別などによってちがう。そして現代では、言語習慣の性質を変える社会の主力は、中産階級の若年層が担うことを明らかにしたウィリアム・ラボフさんたちの努力に私たちは感謝すべきであろう。

†音韻法則に対する根本的な疑問

たとえば日本語では、奈良時代には維持されていた語頭の音韻のp音が、室町時代にはφ（完全にfではないが、両唇をせばめて出す音、「阪神ファン」というときのfに似たオト）を経て、今日のhになったという説、すなわち奈良時代や、今日沖縄で維持されている（沖縄のある方言では「この花」を「フヌパナー」と古式の発音をまだ維持しているという）ポネ（骨）がフォネになり、今日のホネになったとき、それぞれの段階で、ある日、ある年、突然、みなが一斉に「法則に従って」ポネをフォネと発音したのではない。

私の長年にわたるこのような音韻法則に対する根本的な疑問に答えて、あるいは疑問に答える手がかりを与えてくれたのは、Ｅ・コセリウさんの鋭い指摘だった。かれは言う。

> 人間は法則にしたがう機械ではない。
>
> 言語における「変化」は改新をもってはじまるのではなく、まさに採用をもってはじまる（コセリウ『言語変化という問題』岩波文庫、二〇一四年、二二六頁）。

つまり、変化の発端は必ず個人の発音の「改新」――私のことばで言えば――「旧習からのはずれ、逸脱」であり、それがある社会の層、つまりあるグループに「採用され」て言語共同体全体に広まり、大勢になったとき、言語の変化となる。さらにその変化が規則的なわけは、「タイプライターの活字の変更、あるいはそのとりかえに似ている。言語が構造をなしているということは、まさにこのことを言っているのだ。たとえば、とりかえた活字がaならば、このタイプライターで書かれたaを含むすべては、このとりかえをそのまま反映することに何の不思議もない。とりかえた文字は、それ以後の実現のための母型そのものだからである」(同上　コセリウ、一四〇～一頁)。

復元された祖語(これそのものが作りものである)にあわせようとして、様々な操作を用いて選ばれた語を対応させながら、苦労して作られたアルタイ語比較言語学は、ヨーロッパ諸語を材料に行われた試みにとらわれた方法の、その無理な模倣でしかないのである。

3 「基礎語彙」論のあやうさ

†アルタイ語と基礎語彙

印欧語比較言語学が生み出した「音韻法則」という、一九世紀に成立して、今もなお信奉者を強く引きつけている学説の基礎、それを成り立たせている理論の土台にあるのは、比較される、異なる言語に共通と目される語彙である。その基礎となる語彙は、他の言語から簡単にとり入れられて、本来のものをいつの間にか押し出してしまうような、移動のはげしいものであってはならない。起源から途切れなく続く、変化しにくい確固たるものでなければならないのである。そのためにはからだの部分を指す名、親族呼称、数詞、代名詞などが選ばれることが多い。ところがアルタイ諸語ではこうした基礎的な語彙にすら一致するものが少ない。

こうした事情から印欧語比較言語学の方法がアルタイ諸語についてはいちぢるしく進まないのに業を煮やして、日本の言語学者が飛びついたのが、アメリカで発表された「言語年代学」もしくはより方法に即した名づけで呼ばれる「語彙統計学」であった。それは次のような内容である。

†言語年代学による水深測量

数詞だの親族名称だの、ことばの最も変わりにくいと考えられる部分の語彙を四〇〇とか五〇〇とかを選び出し、それらが失われていく速さを一定とし、放射性元素の半減期にたとえ、一定の計算式に入れて、たとえば、英語とフランス語がいつ分離したかを推定する方式だ。これを一九五〇年代にアメリカのモーリス・スワデシュという人が発明した。私はある時、スワデッシュという人はアタマの単純な共産主義者だと聞いて、妙になっとくするところがあった。共産主義者というので、私はまずこの人に好意をもった。しかしその理論の内容を読んで失望した。共産主義者は明快であってほしいが、単純であってはならない。

私が学生だった一九五六年に、日本言語学会の雑誌に服部四郎教授が紹介したこの言語年代学によれば、すべての言語は、どんな時代にも、地上のどんなところでも一定速度で変化するという仮説に立つ、こんな夢のような仮定を二〇歳前後の学生だって信じられないはずなのに、経験の深いこの人は紹介するだけでなく、アルタイ諸語の親縁関係を解明するのに使えないかと考えたらしい。そして、これを「水深測量」というかなり気兼ねした表現を与えながらも、日本語の周辺言語に試みて仮定される日本語との分裂の年代を測定しようとした。結果が出されたとしても、原理的に無意味だと私は感じたが、期待した人もいたらしい。とりわけ、数詞や親族名称のような、単純な語彙の対応すら求めにくいアルタイ語の研究者の心をとらえるところがあったようだが、まともなウラル・アルタイ学者の中でこれに同意する人はいなかったようだ。

しかし、この経験は、「基礎語彙」とは何かをあらためて考えてみるきっかけにはなった。つまり大切なことは、ことばのオト変化を、紙の上に記号で表して図を描いてみるのではなく、必要なのは自分はどうして、それまでの発音を変えたくなるかの自己観察、あるいは自己反省をやってみることである。

†子どもがことばを変化させる

デンマークの言語学者オットー・イェスペルセンは、言語変化は子どもが起こすという説を出したので、私は自分の小さい頃のことを思い出してみた。私のまわりの子どもたちには、「こども」を「コモド」、「よもぎ」を「ヨゴミ」と言っていたのがいたことを思い出し、ことによると子どもの言い違えのほうが、辞書などに出ている形に勝利することだってありうると思ったものだ。

コモドに似た例はフランス語にもある。今日、チーズのことをフロマージというが、昔はフォルマージと言った。木の枠のような型（フォルム）に入れて固めるからこう言ったのだが、オトの位置が入れ替わったためにフォルー（for-）がフロー（fro-）になったのだ。

日本語で古くはアラタだったのが、アタラーシイになったのも同様なりくつだ。しかしこういうことがわかるのは文字の記録が残っていたおかげであって、文字のない社会だったら、いつどのようにしてこのような変化が起きたのか、たしかめようがない。

いま突然思い出したのだが、私の娘はまだ幼児の頃、パパの「メーガケ」と言っていた。たしかにメガネよりはメにカケるのだから、このほうが意味が透明でわかりやすい。娘は、おとなのメガネを、自分の知識にもとづいて、よりわかりやすい、メーガケに分析しなおし、言語の改良を試みたのだ。私はイェスペンセンにならって、この先どうなるか、そのままほうっておいたら、七歳くらいのときに「メガネ」になった。残念であった。私はことばの研究者はなるべく子どもをもって、人間がことばを獲得していくあの黄金のような時代を観察する機会をもつようにすすめたい。しかし子どもたちの「改新」作業は学校に入ったとたん教師たちによって消毒され、退治されてしまうのである。これを見ると、学校のなかった二、三百年前と、ましてや千年も前と、いまとではまるで状況のちがうことがわかる。

社会言語学が現れてきてからは、言語変化に対する「現場」感覚が大切だと思わされる研究にしばしば出会うようになった。

†共通起源のたどりにくさ

日本語と中国語には、同じ漢字を用いた多くの共通語彙がある。「共産党」、「議会」、「共和国」など多くの政治語彙は、文字面も意味も同じである。これらの近代語彙は、日本で漢字を使って、欧米の用語を、漢字で写して作った。それを中国では、ちょっと意味がずれていて変だと思いながらも、このずれが近代だと思ってそのまま使っているうちに定着したのだそうだ。進化論の用語にはこうした漢字語が多いというが（鈴木修次『日本漢語と中国』中公新書、一九八一年）、だからといって、中国語と日本語が同じ起源だとは言えない。そんな単純なことはわかっていると読者は思うかもしれないが、こうした語彙の借り入れ——言語学では気取って「借用」という——が千年前にもさかのぼり、起源が忘れられると、もう、本来のものであったのか、その後の借用かはわからなくなる。トルコ語のタクと、日本語ミタケ、オンタケ（御岳）が、共通起源だと言われても、それを自信をもって賛成したり、反対するのはむつかしい。

†朝鮮語から「山」が消えた

高い所を指す、ヤマ、ミネ、タケのような単純な地理的名称も、信仰の対象となると、古代宗教のことを調べて、当時の話し手の気持ちを獲得しなければならない。信仰意識が変われば語彙も変わる。その信仰の中で、「タケ」がどのような地位を示していたかを明らかにしなければならない。

朝鮮語の辞典で、日本語の「山」にあたる訳語を求めると、「san」とあって、これは日本語の富士山の「サン」と同じだ。「サン」は日本語では、このように固有名詞の中には複合して現れるが、「いまはあのサンはくもっている」などと、それだけで単独に使われることはない。また日本語では「山」をサンと読む漢音とセンと読む呉音の二つの系統があるが、たぶん漢音の「山」が朝鮮語に入り、それが古い時代に日本語に借用されたのだろう。で、私が不思議に思っているのは、日本語には、一般的な「ヤマ」が残っているのに、朝鮮語にはない。たぶん本来あったかもしれない「ヤマ」にあたる本来の単語を押しのけて、その場所に古代シナ語の「山」が居座ってしまったのであろう。

†「畏れ」もことばを変える

このような関係は日本語と朝鮮語だけじゃなくて、英語とドイツ語の間にもある。英語もドイツ語も、起源は共通で、英語は、大陸からアングル族とサクソン族が、いまのブリテン島に渡ってきて、土着のケルト系諸民族を征服しながらできた言語だ。ここで「民族を征服」と言ったのは、その民族に属する人間を生物的に殺してしまうという意味ではなく、その本来のことばを捨てて、別のことばを話さないでは暮らしていけなくなるようにさせることを言うのである。

これらゲルマン語族は「山」のことを共通に「ベルク」と呼んでいた。ハイデルベルクのベルクだ。ドイツ人は、ハイデルベルクの名の由来を、ハイデルベーレン・ベルクだと解釈しているらしい。ハイデルベーレンとは、ブルーベリーのことで、ハイデルベルクはブルーベリーの生えている岡あるいは山ということになる。

さて、「山」を意味するゲルマン共通語のベルクはOEつまり古英語までは今日のドイツ語 Berg にあたる beorg という形で残っていた。ところがMEつまり中世英語になるとベルク系の単語はすっかり姿を消して mount, mountain に置き換わってしまった。いずれもたぶん一〇六六年のノルマン・コンクエスト以来、古フランス語のmont, montai(g)neが入ってきて、もとのベルクを押しのけたのである。

なぜこのようなことが起きるのか。「ヤマ」という、単に土地が盛り上がって高くなったところも、人間は、いろいろ信仰心をもっておそれたり、拝んだり、敬ったりする。ベルクを口に出して言うのはおそれ多く、それゆえに古めかしく、避けて使わなくなったのかもしれない。このような劇的変動を言語にはあまり期待したくないところだが、この方面の研究は言語学ではほとんど知られていないし、日本の言語学者はそんなことに関心をもたないようしつけられている。そんなことに関心をもつのは学問の道からはずれるからだと。

†ロシア語に「熊」がない

それにもかかわらず言語学でよく話題になるのは、クマとあれだけなじみの深いロシア語に、元来あったはずのクマを表す単語が実証されてないことだ。今日ロシア語でクマを表す単語はメドヴェーチという（ロシアのえらい人の名にメドヴェーデフという名がよく登場するが、これはクマさんという意味だ）。メドが蜂蜜でヴェーチは「食うやつ」であり、今では本来のクマにあたる単語はあとかたもなく消え去り、この「蜂蜜を食うやつ」という言い方しか残っていない。クマに話を聞かれるのを人間がおそれて口にしなくなったのであろう。

スラブ人はよほど迷信深かったのだろう。ゲルマン語世界には、ベルリン（Berlin）とかベルン（Bern）とか、都市の名前にもber-（クマ）が起源と考えられる名前が残っているのにと思ったが、ふと、次のようにも考えてみた。このゲルマン語のベアも、もとは茶色を指すこの語で本来のクマ（ラテン語ではursus）をかくしてしまったのかも知れないと。話が長くなるから、ここでやめておこう。

私の子ども時代でも、夜になってネズミということばを言ってならないと祖母にたしなめられた。とりわけ「夜、ネズミの悪口を言ってはならない」と。ネズミどもが聞いていて、夜のうちに現れて米を食い荒らしてしまうからと。実際に着物がずたずたに嚙まれて、破れていたことがあった。こういうのを言語学では「タブー語」ということになっている。タブーにしている間に、もとのことばが忘れられてしまうというのである。

フレイザーの『金枝篇』にはこういう話がたくさん集めてある。たとえばバナナを食べたあと、むいた皮を道端などに捨ててはならない。その皮を拾って呪いをかけると、バナナナを腹におさめた人間のからだに大きな害となって現われるからだと。今度のウイルスの蔓延は、このような感覚を思い出すのに、いい機会だった。以上はなじみのあるよく知られた例だが、ごく普通だと思われている基礎語彙にも、どこかでこのような歴史があったかもしれないと疑ってみる必要があろう。

だから、ことば、単語を単にモノを指すだけのものとして、単なる物質のように軽々しく扱ってはならない。ソ連時代にはやったマルの言語学は、ことばの意味を大変神秘と魔術性をもつものとして扱ったが、私には、今述べたこと以外にも心に残る点がいろいろとある。

4 日本人の言語経験を言語類型論に結びつける

†朝鮮語は驚くほど日本語と似ている

私も含めて多くの日本人が最初に接する外国語はたぶん英語であろう。そのため外国語とは、だいたい英語のように、ことばの順序をひっくり返したような組み立てをもっているという通念を抱いた日本人が、日本語とほとんど同じような組み立て方式をもった外国語と出会うと、ああこれは日本語と同じじゃないか、単語を置き換えればそれで日本語になる——というのが、アルタイ語のどれかに接したときの最初の印象であろう。不幸なことに、ふつうの日本人はこのようなアルタイ語——トルコ語、モンゴル語などに接する機会がほとんどなかった。ところが最近は韓国映画を通じて、アルタイ語に接する機会が増えたのはうれしいことだ。

韓国映画でヨンさまブームが起きた頃、電車の中で、ハングル文字で印刷したラジオ・テキストのようなものに夢中になっているおばさんたちの姿をよく見かけたものだ。私はそういう人たちを見るとうれしくなって、何を勉強しているんですかと聞くと、おばさんたちはいきいきとした様子でヨンさまが登場する映画の話をしてくれた。私はテレビをもたないから知らなかったのだが、ヨンさまのみならず、すすんでその話すことばにまで興味が及んでいると知って、おどろいたものである。たぶん、日本人が一足飛びに英語をはじめるよりも、よく似たことばから外国語をはじめるほうが、日本語がどんな言語であるかを知るためには、はるかに意味があると思うからだ。

朝鮮語を学ぶ利益としては、まずあの文字がいい。日本語の「かな」は、体系的にできていない。「か」は漢字の「加」を、「な」は「奈」を、一部をとったり全体を変形したものので、いずれも起源は漢字の形をくずした「出たとこ勝負」のもので、一貫した原理にもとづいて作ったものではない。かなの起源はいずれにせよ、漢字の発音記号として現れ、「間に合わせ」のものでしかない。日本人は正直にそれを「仮名」、つまり本来ならば漢字であるべきなのだが、とりあえず「仮に使う字」としてかなと呼んだのである。

それに対して朝鮮語の文字は自分の言語用に母音と子音を分けて書くから、文字の原理が分析的で体系的である。日本人は、朝鮮語を学んではじめて、文字の原理というものにふれるのである。そして、朝鮮人は、かれらの「かな」いわゆるハングルを学ぶ段階ですでに科学をはじめていることに気がつくであろう。日本人にとってカナは覚えるだけのための文字であるが、ハングル文字は原理を教えることによって、世界の諸言語に入るための学問の入り口になっている。

†日本人の言語観が変わる外国語学習

朝鮮語が日本語と同じ文の作り方をするのには、もっと驚くであろう。ここでその例を一つだけあげよう。それぞれの単語の後に「膠着」される接辞（語尾）の細部までが一致する様が見てとれるだろう。他のアルタイ諸語においても基本的にはこのような対応が見られる。

ハン・イル　ヤンググ-ン　タガッチ　ウラル・アルタイ　ケトン-ウィ
韓・日　両国　-は　共に　ウラル・アルタイ　系統-の
オノ-ルル　ス-ゴ　イッス-ミョ、プルギョ・ユギョ-ウィ　ムンファ-ド
言語-を　用い-て　お-り　仏教・儒教-の　文化　-も
コンユ-ハ-ゴ　イッ-スムニダ
共有　-し-て　い-　ます

これは韓国の大統領、金大中が一九九八年、日本の国会で行った演説の一節であるが、ラジオで聞いていた私はびっくりして自分の耳を引っぱったほどである。外国の国家元首が日本で行った演説で、ウラル・アルタイ語について述べたただ一つのもので、しかも高

い教養を示した例として忘れがたいものである。

　このような文章の組み立てがアルタイ語の基本的枠組みだということを知れば、アルタイ言語学のすでに入り口に立ったも同然である。この朝鮮語の組立てはトルコ語もモンゴル語も基本的には同様であって、世界の言語は英語だけでなく、このような日本語と同様な組み立てをもった言語がユーラシア大陸の半分以上の空間を占めていたと知るだけでも、日本人が抱く世界の言語像は大きく変わるであろう。そしてこの知識がヨーロッパ諸語や東南アジアの言語を理解する上でもたいへん役立つであろう。日本人の言語知識、あるいは外国語認識はいつでもこのような認識に立つところからはじめなければならない。

第三章

言語類型論

1 類型論はフンボルトがはじめた

†言語の類型的研究

あれこれの単語が似ていることを根拠にして、それらの単語が仮定される共通の形からどのように分かれ出たかを一つ一つしらべる作業が比較言語学の基礎にある。たとえばドイツ語のVater（ドイツ語の名詞はいつも大文字で書き、語頭のvはfのオトで発音する）が英語のfatherにあたり、それがラテン語のpaterやギリシア語のpatērにさかのぼり、さらにいずれからも遠くにあるインドのサンスクリット語pitār-に結びつくというふうに。

ところが、個々の単語ではなく、その言語全体としての特徴を一つのタイプ（型）としてとらえる考え方、そして、このような方法を問題にするのが型（タイプ）をあつかうタイポロジーである。これを日本語では類型論、あるいは類型学と翻訳した。類型的な類似をつかむ方法は言語学だけでなく、日常生活でも、また多くの学問分野でも至るところで駆使されている。だから建物で言えば、単語の研究は建物の小さな部分を一つ一つ、時にはバラバラにしてしらべる方法にたとえられよう。

しかし類型論的研究は一つのまとまった全体の様式、スタイルに注目する。このスタイルは、ある時代の民族の「気風」とでも言うべき、「心のあり方」に対応している。それを感知するのは、一種の文学・芸術的な感得能力である。このほうはふつうのしろうとにもよくわかる特徴をとりあげる。たとえば、この建物は西洋風であるとか日本風だとかいう、その「風」に見える特徴である。

部分がわからないと全体はわからないとよく言われるが、そうでないこともある。そして全体の印象が部分を決定することもあるのである。これが構造主義の考え方であり、言語学でいえば、二〇世紀はじめにフェルディナン・ド・ソシュールが意識的に打ち出した新しい考え方を大きく特徴づけるものである。

†アルタイ語にはラ行ではじまる単語がない

言語学の類型的研究ではまず語順が注目されたけれども音声的な特徴もすぐに気づくところである。たとえばアルタイ語には「ラ」行（r）ではじまる単語がないとか。これは英語などのほとんどの外国語ではめったに見られない、極めてめずらしい現象である。これはアルタイ語の発音面における類型的特徴とされる。こういう発音のクセはなかなかなおせないから、シリトリ遊びなどで、ラ行ではじまることばが見つからなくなると、困ったあげく、「ランラン」などと言ってごまかすが、こういうごまかしはそう長くは続かない。

ラ行ではじまる単語は、日本人は自分では作れず、ほとんどが外国語からの借用である。だからシリトリが続くためには、最後がラ行で終わる単語は避けなければならない。かりにラ行ではじまる単語があるとすれば、すべて漢字語や西洋語であって、固有の日本語は見つからない。ラ行ではじまるオトを無理して発音すれば、その前にどうしても母音が入って、たとえばロシアはオロシアとなる。

「令和」という新しい元号が発表されたとき、私は、こんなラ音ではじまる本来の日本語にはなかった発音様式は、「国粋的」ではない、困った名づけだと思った。するとあるとき、深夜のラジオでロバート・キャンベルというアメリカ人の日本文学の研究者が、レイワは、外国人が発音するには問題がないけれど、日本人にはどうでしょうかと話していた。私はもとからこの人はえらい人だと思っていた通り、キャンベルさんは明らかに、古代日本語の音韻体系を念頭に入れて話していたのだ。逆に日本人が、レイワという発音は不自然だと言った例を聞いたことがない。

ハンガリー語ではいまでもロシアをオロス（Orosz）と言い、これはモンゴル語も同様である。ウラル・アルタイに属しながらr-音ではじまる単語が多いのがフィンランド語である。これがなぜであるのか私は知らない。一般に類型的特徴の起源は、すぐには説明できない根の深いものだ。

†言語の構造を追う

一九世紀ドイツには、相次いで、さまざまな言語学の流れが生まれた。さきに述べた諸言語が共通の祖語（諸言語がさかのぼる共通の先祖）を仮定したところから別れ出たすじみちを研究する印欧語比較言語学は基本的には個々の単語の歴史をさかのぼる、いわば語源研究に発し、それを利用するものである。したがって研究の基礎は一つ一つの単語の歴史の解明を前提にする。

それに対して、フンボルト（一七六七〜一八三五年）は、単語は外国語からとりいれたり、勝手に使用をやめたりできる、流動的、不安定なものだから、単語にとどまることなく、文の全体的な組み立て方式のちがいを比較するところから出発した。その基本には、言語の構造（Bau）がちがえば、またそれを使う人間の考え方もちがうのではないかという関心があったからである。これは、ことばはモノに貼りつけられた単なるレッテルではなく、レッテル（単語）さえとりかえれば別の言語になるのではないかという単純な見方を破った。

ここまで書いてから、私は思い出して、フンボルトとつき合いの深かったフリードリヒ・シュレーゲルの一八〇八年の著作を取り出して開いてみた。そうして、フンボルトのこうした考え方は、親交のあったシュレーゲルから受け取ったのではないかと思うようになった。このことは、またあとで述べるであろう。

†ベルリン大学をつくったフンボルト

フンボルトは言語学者としてあつかわれることが多いけれども、当時は言語学という学問はまだ確立しておらず、哲学や文学の研究の一部として、あるいはそこからはみでた部分として行われるにすぎなかった。それよりもフンボルトはむしろ、ベルリン大学の創設にかかわり、大学がその機能を十分に発揮するためには今日、よく話題になる「学問の自由」を重要な条件としてかかげた人として知られる。「学問の自由」の基礎になるところの大学は、入学試験を行ってはならず、授業料をとってはならないなど、今日もなおドイツの大学が守っている原則をつくったのはフンボルトであったことを忘れてはならない。

それからまた、フランス革命とナポレオン戦争の結果、くずれたヨーロッパの秩序回復のために開かれたウィーン会議（一八一四～一五年）に、プロイセン代表として出席した人としても知られる。やがてしかしフンボルトはこのような雑事から身を引いて、かれがほんとうにやりたかった、人間とことばの問題に没頭する生活の中から、ここで扱う言語類型論が生まれたのである。

†フンボルトの言語類型論

かれの言語学の著作として知られる最大のものは『人間の言語構造（Sprachbau）の多様性と、それが人間の精神発達に及ぼす影響について』（一八三六年）である。これはフンボルトがなくなった翌年に刊行されたものであって、フンボルト自身は自分の仕事の結果が人々にどのように読まれたかは知らない。自分の著作が、その後どのように扱われたかを全く知らないのである。だからチョムスキーがかれの著作を使って、思いもかけない方向に話を向けて利用していると知ったらびっくりするだろう。

この著作はもともと、『ジャワ島のカーヴィ語について』という著作の序文として書かれたものだったが、弟のアレクサンダーが兄の死後、これだけは何としても世に送っておかねばならないと考えて、すぐに出版したものだ。弟アレクサンダーは、ウラル、アルタイ山脈からジューンガル地方（アルタイ山脈から、その南の天山山脈にかけての草原地帯。今日は、新疆ウイグル自治区の一部となり、そこのウイグル人〈アルタイ系〉は、中国政府から壊滅的な政策を受けている）にまで広く旅行し、南太平洋ではフンボルト・ペンギン、フンボルト海流などの名にかれの名を残している。

今日も世界各地から有為の研究者をドイツに招いて、自由に研究させているアレクサンダー・フォン・フンボルト財団はかれの名を冠している。一九六四年に、村山七郎と亀井孝の推薦を受けてドイツのモンゴル学者W・ハイシヒの招きでフンボルト財団奨学生としてドイツに滞在した私は、ボン大学前の本屋さんでこの本に出会って買った。一八三六年にこれを出版した同じ本屋さんデュムラー社が一九六〇年に出した復刻版であるのに目がとまったのである。そしてその時から私の身辺を離れたことはない。ここで話題にするのもこの本についてである。この本は一九四一年、抄訳が現れていたが、一九八四年に亀山健吉氏による全訳が法政大学出版局から刊行された。この亀山さんともドイツへの留学が

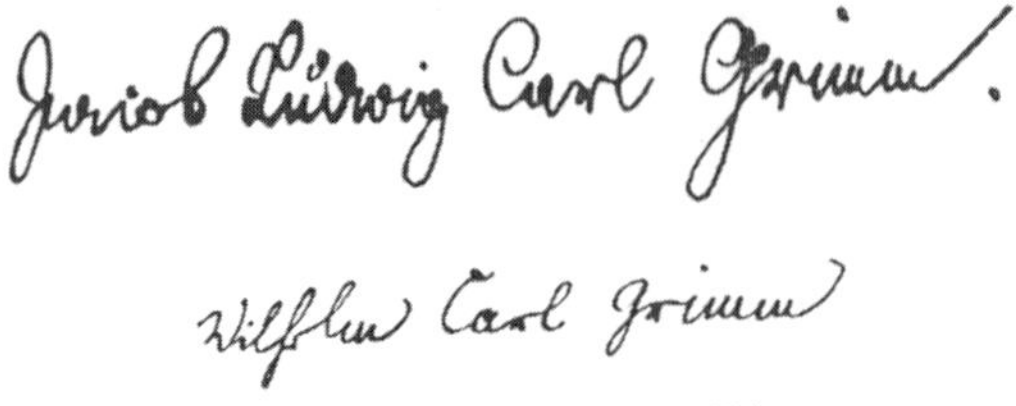

グリム兄弟の肖像画と二人の署名

縁で知り合ったのである。本書でフンボルトのこの本にふれるときは、この亀山訳から引用する。

ドイツにはフンボルト兄弟のように、兄弟がそろって、それぞれにすぐれた仕事をした突出した兄弟たちが何人かいる。古い民話を集めたことで広く知られるグリム兄弟もその例だ。兄のヤーコプは結婚しなかった。そのひまがなかったのだろうとある伝記作家は言っている。フンボルト兄弟の場合も弟のアレクサンダーは結婚しなかった。シュレーゲル兄弟の場合は、兄アウグスト・ヴィルヘルムはボン大学の教授になり、弟フリードリヒも先に述べたように、ともに古代インドのサンスクリットを学んだ点で、とりわけ私の関心を引くが、この話はここでとどめておこう。

†人間の考え方は言語に限定される

フンボルトの著作にふれて私が最も心打たれ、私を引きつけているのは、人間の考え方、さらに考える力は言語に依存するのみならず、言語によって限定されるという考え方である。

この考え方を発展させれば「言語が貧弱であれば、その言語を使って考え出される生産物である文学や学問もやはり貧弱である」ということになる。これを逆から言えば、言語を豊かにするためには、なるべく自由にうたい、書く習慣をひろめ、それを批判しあう機会をつくらなければならない。自由のないところにはまたことばの豊かさも期待できないということになる。この点からいえば、政治家の言語への責任はまことに重い。ごまかしの漢字を使い、いいかげんなことばを使って国民をだましているとすれば、それだけで祖国の文化を汚す犯罪の深さはかぎりない。

一四、一五歳くらいの子どもが「私は日本語が好きです」などというのを新聞の投稿欄に時々のせては、日本人の国語愛をかきたて、決して日本語を悪く言ってはならない、子供ですらこんなに日本語が好きだと言っているんだから」大人は見習えといった風の、無意味な国語賛美のお説教をくり返し、ことばの論議をやっているのをしばしば見かける。私が読んでいるのは主として朝日新聞だが、日本人の言語に対する態度は、どの新聞も大なり小なりおなじだと思われる。

ここで言いたいのは、外国語の経験もほとんどない子どもにこんな文章を書かせて新聞にのせるというやり方である。新聞が子どもにお説教よりもまず自ら学ぶことが大切であると教える親切心があるならば、そして日本語がいいことばかどうかを公平に知りたいと思えば外国語もやってみないとわからないぞとたしなめるべきだろう。

†外国語学習はまず観察してこそ

日本人に皆英語がしゃべれるようにする方向をとっている日本の言語教育の中で、英語をやりはじめた子どもたちがすぐに発する疑問は次のようであるはずだ。

日本語には、単数と複数を区別する文法すらない。英語のように冠詞の a, the の区別もない。日本語はないないづくしのルーズで貧弱な言語ではないかと。一つ一つの単語がどんな味わいがあるかなどという前に、ごく当たり前のりくつが言えない言語じゃないかと、初めて英語を学ぶ子どもたちは思うはずではないか。このような観察や問題の立て方が、すべて類型論の出発点になる。学校はそういうことを教えるはずのところなのに、好きか嫌いかという不合理な観点をもってきて、まじめな議論を封じてしまうのが朝日新聞など、日本の新聞が主張する教育方針のようだ。

フンボルトの類型論にのぞむ前に、日本社会には「ことばを科学する心を消し去ろう」とする最も反科学的態度をすすめようとするごまかしの「文芸化」心理が文芸趣味をよそおって、ことばに対する冷静な関心の出現をじゃましていることをよく知っておかねばならない。日本の「文芸化趣味」は権威ある作家のことばを引き合いに出しながら、ことばの科学の芽をつみとることが文芸特有の感性だと教え込もうとする暴力支配の思想だ。文芸は科学を窒息させるのが仕事ではないはずだ。

2 言語の三つの型

†屈折型

一九世紀は言語の起源、とりわけインド・ヨーロッパ語の起源の探索への関心を具体的に目ざましくすすめた時代であった。しかしフンボルトは言語の起源ではなく、異なる言語を用いると、考え方も異なるのではないかという問題に関心を深めた。

そこでフンボルトは、人類の言語を類型に分類する。それは、「屈折型」、「膠着型」、「孤立型」の三つである。実際にはこのほかに「抱合型」が言及され、より多くの型を立てる人たちがいるけれども、本書の範囲ではとりあえず考えないでおこう。これらは、日本の学者たちがドイツ語を翻訳して作ったことばだが、ことば（レッテル）を知ったらすぐに内容がわかるというものではないから、内容をきりっと正確に理解しておかねばならない。まず「屈折」からはじめよう。これが日本人にとってはなじみのない、最も驚くべき現象なのだから。

「屈折」とはラテン語の flexio（曲げる）を漢字で翻訳したことばで、最近は日本語でも英語からとりいれてフレキシブルなどと使う。では何を「曲げる」かと言えば、ある単語のその中味である母音を変化させることを言う。日本語の単語には、このような方式はない。日本語では単語はどのような環境の中でも変わらず一定していて、どんな文法要素が後につづこうと、ヤマ、カワ、ウミ、モリのように、一定の変わらぬ形であらわれる。ところが英語ではそうではない。簡単な例を出すと、

foot － feet

man － men

がそれで、[fut]（足）の語頭と語末の子音をそのままにしておいて、単語の中味そのものである [u] を [iː] に入れ替えると複数になる。英語の辞典では foot の形で引くことになっているけれども、「足」は英語では何というかと言えば「f－t」だと答えるべきだろう。その間に u が入るか、iː が入るかで単複の違いが起きるからである。日本語でたと

えていえば「アシ」の「ア」を「エ」に入れ替えて「エシ」にすれば複数の足になるというような仕組みである。

ところが日本語でアシの複数を言い表そうとすれば、「アシアシ」と重ねるか「アシタチ」「アシドモ」というふうにするしかないが、日本語の複数語尾タチは生物にしか使えない。man - men のばあいは、もっとわかりやすい。mとnにはさまれた間のアがエになることによって複数が作られる。日本語ならヒトにさらにヒトを加えてヒトビトとするが、ヒトドモにするか、いずれにせよ、複数を表す文法道具を後に継ぎ足すのである。とにかく「タチ」とか「ラ」を外からもってきて別のものをくっつける方法をとる。こうした、単語の中味の母音そのものを変える（曲げる）ことによって名詞を動詞にしたり、形容詞を名詞にしたりすることさえやる。例えば

food - feed　　食べもの - 食べさせる

また、

hot - heat　　熱い - 熱さ

のように、はじめのf音、語末の子音はそのままにしておいて、中味の母音を入れ替えれば形容詞が名詞だの動詞だのになる。

†膠着型

このように、複数を表すのに「タチ、ラ、ドモ」のような語尾を「くっつける」方法をフンボルトは「膠着」と呼んだのである。「膠着」という訳語は、agglutinierend のラテン語の語根になっている glu(s)を「膠」と訳したところにはじまる。ヒトビトのように、「くっつけること」を「膠でくっつける」と訳したのであるが、この膠はノリであってもかまわないのだから「ノリづけ」と言ったほうがわかりやすい。

戦前は私の家にもスパゲッティのように乾かして束ねたニカワがあって、これを湯でとかして糊状にし、桐のような薄くて軽い木片をくっつけて箱などを作っていたらしい。そのニカワは、動物の骨などを煮た汁の表皮を固めたものだ。つまり「煮てできた皮」だと祖父は語源を説明してくれた。

しかし日常生活から離れて今のような時代になると、見たこともないニカワは、にっちもさっちも行かない「膠着状態」というような使い方になったために、今では深刻な意味にとりかねられない。

ここで用いられた「膠着」はくっついたから離れられないのではなく、むしろくっつけたらまた「自由にとりはずしができる」という意味に理解すべきであろう。このことばの日本語への導入にあたっては、このような誤解をさけるために、「接着」、「添着」など、いくつもの訳語が試みられたらしい。ドイツ語文法でも日常語である、ドイツ語やまとことばを使って、ボイグングBeugung（曲げる）と言いかえることがある。

†孤立型

話を「屈折」にもどそう。この屈折方式は名詞の複数を作るときに用いられるだけでなく、動詞の過去などの時制のちがいを示すときにも使う。英語の動詞を学ぶときに、

see － saw － seen

という活用を覚えさせられる。これは、はじめのsはそのままにしておいて、続く母音[iː]を[ɔː]、そして[iːn]と変えることによって、過去形、過去分詞形というものができる。日本語だと、「ミ」（見）のあとに「－ル」、「－タ」のように語尾を膠着させるのとは根本的にちがう。

この二つのちがいを心得ておいたうえで、中国語を見よう。

学生　念　書（シュエション・ニエン・シュー）

意味は、「学生は本を読む」である。日本語と比較してみると「学生は」の「は」も使わなければ、「書」（本）をの「を」もない。「学生・読・本」だけで、それぞれの単語は孤立していて全く変化しない。そのうえ、文中に用いられる名詞が動作の主体（主語）なのか、読まれる目的語なのかを示す文法上の道具が全くない。

日本語を習いはじめの中国人の日本語に、このようにテニヲハ抜きの日本語がしばしば現れるのは、かれらの文法の反映である。このことは中国語には文法関係を示す専用の道具がないことを示していて、このことから、中国語は文法のない言語と言ってもいい。それぞれの単語の役割はそれが置かれる位置によって決まる。位置が文法と考えれば、文法はあることになるが、それを示すカタチにして示す方法はない。このようなタイプの言語を、それぞれの単語が常にハダカのまま孤立しているという意味で「孤立語」と呼んだのである。

参考のために同じことをロシア語で言えば、

Student čitaet knigu

となり、knigu の辞書に出ている形は主格の kniga だが、最後の -a を -u に変えないと「本を」にはならない。ところでこの knigu は「本を」のように、「本」と「を」を切りはなして使うわけにはいかない。knig も -u もばらして、それぞれを独立に使うわけにはいかないからである。このようなロシア語では一つ一つの単語が文法的に自立しているから、語順は自由にチターエト・ストゥデント・クニーグーでも、クニーグー・チターエト・ストゥデントと言うこともできるのである。

そして注意すべきことに、ロシア語には冠詞がない。これが日本人にはとてもありがたいことで、ロシア語を話すときに a にしようか the にしようか、それとも全然使わないでおこうかなどという気苦労がなくなる。

†屈折語のやっかいさ

日本人から見れば、英語のような屈折形の言語はすこぶるやっかいで、ムダな努力をしているように思われる。同じ一つの「見る」なのに、語幹(単語)の本体をなぜあんなに大げさに、ものものしく入れ替えなければならないのか、しかもそれが規則的に一つの方式ですむかと言えばそうではない。go − went − gone となると、過去には全く別の形を使う。ムダもはなはだしいのである。この例の went は英文法では屈折とは呼べない、いわば超屈折、さらに言えば別の単語の「入れかえ」だから、補充法(語根の異なる異分子でもって「補充」するから）などとめんどうな名前をつけている。

foot － feet と同じ様式で変化するはずだったのが、book（本）である。これは本来ならば「足」にならって book － beek となるはずだった。しかし英語を話す人たちはキソクに従わないで、複数は -s をつけるという通例（膠着式）に従ってキソクを破り、books とした。「本」なんて単語はお坊さんだの特権階級しか使わなかったから、誰にでもある足のようにはひんぱんに使わないので、めんどうな文法をやめて単純な複数形にしたのである。これを見ると、屈折を維持するには努力がいることがわかる。

†英語を改良しようとした日本の文部大臣

森有礼という、日本で最初の文部大臣をやった人は、若い時、駐米少弁使（今日の公使にあたる）としてアメリカに滞在していた。一八七二年、二五歳だった森は、当時アメリカで有名だった言語学者W・D・ホイットニーに一通の手紙を書いた。それは将来の日本のために、国際化の時代にふさわしく、日本は公用語として英語を採用してはどうかと思うが、あなたの考えどうですかとたずねた。ホイットニーは、すぐさま森の提案に反対の手紙を書いた。いま新しい国々が、自分の国語をどうしようかと、さがし求めているときに、せっかくきちんとできている日本語を棄てるのはひどいではないかと。ただし森はそのとき、あるがままの英語そのままではなく、不規則を除いてすっきりした「簡略化した」英語を使うべきだと考えたのだった。

ホイットニーは、ドイツの青年文法学派たちの時代にドイツに留学し、帰国後、アメリカではじめてのサンスクリトの文法を書いた人で、ソシュールも、かれの『一般言語学講義』の冒頭に置いた簡単な言語学史の中でかれに、特別の好意をもって回顧している。当時は若いかけ出しの外交官でも、言語学者にちゃんと手紙を書いて論争をいどんだのである。

森有礼は、後にウヨクによって殺されてしまうが、ザメンホフがヨーロッパ語を素材にして、膠着語に似た規則的な文法をあてがってエスペラントを作った一八八七年より、一五年も先んじている。私はそのことに感銘を受けた。森有礼は、屈折性がいかに英語という言語に不規則性を加えているかに注目したのだと思う。膠着語である日本語を母語とする森としては、この英語の困った屈折性を除去して、英語を改良しなければ日本では使えないと、素直に考えたのであろう。言語から不規則を排除して、学びやすくしようと考えた森は、ザメンホフと同じ考え方をしていたことがわかる。

ザメンホフが作ったエスペラントもまた、材料（単語）はヨーロッパの諸言語から採りながらも、屈折によって生じる不規則を除いたのである。屈折型に対して、膠着型の言語は、本質的に規則的である。ザメンホフはこのことを熟知していたからこそ、エスペラントを一貫して膠着原理にもとづいて設計したのである。文法における規則性という重要な問題については、このあと、またもどってとりあげたい。

†孤立型の「舌足らず」性

さて、ここでは文法の形態論部分をほとんど欠いた孤立型の言語における「舌足らず」性について書き加えておきたい。

私のボン大学滞在当時、ドイツ言語学界の長老で、ナチ時代に、ナチの政策に協力したと学生に追及されながらも、なお言語学の授業を続けていたワイスゲルバー名誉教授（ドイツでは名誉教授は定年時の給料をそのまま死ぬまでもらい続け、その後も自由意志で授業をやる）とともに講義を担当していたヘルムート・ギッパーさんは「シナ語についての議論の中で浮びあがってくる、それぞれの言語が論理的思考にとって適しているかどうかという問題」を書いていた（この論文はギッパーさんの著書『言語研究のための基礎』〈一九六三年〉

に収めてある)。

この中でギッパーさんは、張東蓀《チャントンソン》がシナ語のような言語できちんとした政治議論ができるかどうか、シナで生じるさまざまな政治の問題はシナ語の構造のために生じているのではないかと問題を提起したことをとりあげ、これをフンボルトの言語観から考えてみようとしたことがある。

このことを数年前、内モンゴルの首都フフホトの学会でとりあげて発言したところ、ドイツからやってきていたF・クルマース(『言語と国家』〈岩波書店、一九八七年〉の著者)が突然発言を求め、「外国語の悪口を言ってはいけません」と私の口を封じたのである。会場にいた内モンゴル人のチョイジルジャブ教授が意見を求められて、うなずいて同意の発言をした。かれがほんとのところは、どう考えていたかはわからない。今日の内モンゴルの状況からみると、チョイジルジャブが、私の問題提起に賛意を表するなんてできるはずはなかったのである。

私は張東蓀の話に入る前に、何も言うことができなくなってしまった。張東蓀は中国の、新カント派を代表する中堅の哲学者であって、中国人自身からの母語批判を行った人として私は注目している。こうしたまじめな研究を読みもしないで何で学問であろうか。クルマースはむかし東京のドイツ研究所の所長に赴任し、その滞在中にすっかり日本式になって、言ってはいけないことはしゃべらないという、日本の中国研究者の流儀をすっかり身につけてしまったらしい。いけない話だから学会の席で話題にしないというのは科学者のとるべき態度ではない。話題にとりあげなければ問題は解決もしなければ発展もしない。孤立語の問題は、オットー・イェスペルセンが二〇世紀はじめに「英語はますます孤立語に近づいている」と発言して以来、言語学の中心問題の一つになっていることはあとで見るであろう。

聞くところによれば、クルマースはそれまで東京の研究所が出していた報告書の日本語版の発行をやめてしまったという。英語版があるから日本語版は必要ないと言うのがかれの考えらしい。だからといってフンボルトの類型論は決しておだやかな茶飲み話で過ごしてはならない多くの問題のタネを含んでいる。これもまたあとで取り上げるであろう。

3　言語の類型と進化論

†類型の発生

ソシュールの用語で説明すれば、言語の類型とは、もっぱら共時論（synchronie）の面に属するものである。何よりも類型論の関心は変化よりも、変らない、あるいは変りにくいそれ自体の構造にあるからである。類型論は決して類型間の関係を明らかにしようとするのが目的で現れたのではない。類型と類型との間を媒介しようとすれば、変化、すなわち歴史とかかわらずにはすまされない。それにもかかわらず、どの類型がどの類型より先に生まれたのか、すなわち類型の発生の前後関係を論じようとすれば、発展の段階のようなものを考えざるをえない。

フンボルトの論文がその問題にふれているとすれば、一八五九年に出現したただダーウィンの生物進化論にすでに二〇年も先だって言語について進化論が現れていたことになる。じじつ、進化論は、生物学に先んじて言語学に現れたと説く人もいる（例えば、アウグスト・シュライヒャーなどの論文を収めた『言語学と進化論』〈Amsterdam, 1983〉に寄せられたJ. Peter Maher の序文)。

†フンボルトによる評価

この議論はおいておくとして、フンボルトがこれらの類型について、かれがどのようなものとして考えていたのか、次の一連の発言を考えてみよう。

屈折という概念に対応するものは、二つの要素ではなく、ただ一つのものが、設定の範疇の中へ移し入れられて二重性(ダス・ドッペルテ)を構成するようになる。[……]こういう形の特徴があればこそ、純粋に有機的な構造を備えた言語ならば、人間の自発性と受容性とを深く硬く結び合わせることができるのである(一七六頁)。

この能力が生命をうしなって活動しないようになると、そのときに初めて、〔有機性を失った〕機械的添加・接着が登場するようになるのである(一八〇頁)。

語自身の成長に基づいて本当の意味での屈折を行うような言語に対してだけ、有機的付加形成という表現がふさわしいのであって、接着・結合という表現と比較してみれば、私の選んだこの表現は、有機的な過程を正しくとらえているといえよう（一八一頁）。

つまり、日本語のように「考え－」に過去を表す語尾「－た」をあとに添加・接着するのは機械的だが、think にたとえば -ed を加えるのでなく、全体を thought と、不可分の一体として変えてしまうのが有機的だというのだ。私の感覚で表現すると、＋算と×算のちがいにあたるだろう。さらに孤立語については、

シナ語のような方法では、文の統一性という感覚が言語的にみて弱すぎることは明白なので、折り目正しく区別するためには、どうしても真正な屈折言語に頼らざるをえないことになるのである（二二八頁）。

シナ語は言語としても精神の道具としても、サンスクリト語族やセム語族の言語の後塵を拝するようになっていることも否めない事実ではある。［……］

こう言っておきながら、フンボルトは孤立語たる中国語のこのような「欠陥」がもたらすものと言えば、

精神は他の言語には見られないほどの微妙なしかたで、文法的なさまざま関係を語と結びつける必要が生じてくるものであるが（四一八頁）、

この議論は次のような驚くべき結論につながるのである。

それ故、反語的に聞こえるかも知れないが、シナ語では、文法形式がどう見てもすべて不在であればこそ、言語を語るときの形式的関連性を意識するための感覚の鋭さが民族の精神の中に高まってきたということだけは議論の余地がない。というのは、文法的なさまざまな関係を表示しようと一応は試みてもうまくゆかなかったような言語は、どちらかといえば、精神を眠りこませてしまうものであり、実質的・素材的な意味をもつものと、形式的な意味内容にかかわるものとを混同してしまって、文法感覚を曖昧にしてしまうことになるからである。

†中国語の内的豊かさ

ここでフンボルトがまわりくどく言っていることは、この本のずっと後のほうで、次のような、別のことばを用いて、きっぱりとした表現で再び現れる。

シナ語が外面的な文法形式を持つことが少なければ少ないほど、逆にそれだけ、内的な文法形式は豊かである、とさえ言い得るのかもしれない（四六〇頁）。

フンボルトはこのように、屈折を全く知らないシナ語は、受け取り手（読み手）に多くの文法的補塡を求めるという精神の働きを要求する点で、つまり外的（形態に表われた）文法をそなえないために、かえって「内的文法形式」は豊かになると言うのだ。これをはっきりした、あからさまなことばで言いかえると、中途半端な文法がある言語よりもいっそのこと、文法などまったくない、いわば何もない言語のほうが、聞き手に、自分でいろいろと文法をおぎなって解釈する努力をせまるので、すぐれた言語であるということになる。それはしかし、フンボルトが建てた問題を自らの手ですべてぶちこわしてしまうことになる。

このように、文法から見て貧弱きわまりないシナ語に、考えられないほどの高い評価を与えるのは、同時代のフランスのシナ学者で、親交のあったアベール・レミュザ（一七八八～一八三二年）からの強い影響によるものであろう。フンボルトの時代はフランスから始まってシノワズリーchinoiserie、つまりシナ好み、シナ趣味がヨーロッパ全体を征服した時代であった。今日、ヨーロッパの有名な王宮に案内されると、必ず当時の王や貴族たちが、いかにシナの文化に心酔していたかがよくわかる。シノワズリーとは、こういったシナ製の調度品や焼き物で部屋をいっぱいにして飾りつける好みのことを言う。こうしたシナ好みが、シナ語を見る感覚に影響を与えないわけにはいかない。それに対して、膠着語は中途半端で「どっちつかずの混血児」だとして、フンボルトはどこまでも低い評価しか示さなかったのにである。

†屈折型は膠着型に流れる？

この点に関して私が注目しているのは、さきに述べた、フリードリヒ・シュレーゲルの一八〇八年の著作である。

接辞を用いる言語は、最初は全く芸のない（kunstlos）ものだったが、次第に芸をつけて来て、接辞と単語がますます融合して来た。ところが反対に屈折による言語にあっては、構造（Struktur）の美と工夫は、手を抜く傾向によって次第次第に失われて行った。そのありさまは、ドイツ語やロマン語や今日のインドの諸方言のように、それが由来する昔の形と比べてみるとよくわかる（*Ueber die Sprache und Weisheit der Inder*, S.56）。

つまり、シュレーゲルは、屈折型言語を維持するためには多大の努力を要するものであって、使い手が気をゆるめ、ほうっておけば膠着語型に流れていってしまうものだと言っているのだ。

フンボルトは、こうしたシュレーゲルと対話を重ねながら、かれ自身の考えに近づいていったのであるから、一九世紀はじめのドイツの知識人、いなヨーロッパ全体の知識人の揺れ動く考えを示しており、それにずばっと決着をつけたのが二〇世紀はじめのイェスペルセンだったと私は考えている。

4 孤立語という難問

†文法専用の道具

フンボルトの時代、自然も人間の社会も、単純なものから複雑なものへと発展するという考えは一般的であったと思う。逆に言えば、単純なもの、単純な構造をもっているものは原始的で未発達だと考えられていた。そこで、言語構造の類型も、単純から複雑へと、高度に発達したものへと順に並べると、孤立語→膠着語→屈折型という図式になる。

孤立型言語には、文法を表す専用の道具がなく、ただただ、概念を表すための単語が「孤立して」並べられるだけである。ところが膠着語になると語彙的概念（すなわち意味）を欠いた、文法専用の道具が現れる。それが名詞にくっつけ（膠着）られて、「が」、「の」、「に」、「を」、「へ」などのそれ自体は、何かの実質が帯びる概念を伴わない、関係だけを表す専用の道具が現れる。英語で言えば、of, in, at, toなどの、前置詞である。動詞の時制を表す -ed の語尾なども、それ自体の意味をもたず、したがって独立に使うことのない、文法的時制だけを表すための道具である。

このような文法専用の道具は、中国語にはもともとなかった。「念書」（本を読む）の「書」には「を」がつかなくても、その位置が文法的意味を表す。また「念」が「読む」という動詞になるのは、「書」という目的語が後に続くからで、そうでなければ名詞になる、というぐあいに、定まった品詞の区別もない。つまり、ある単語が動詞になるか名詞になるかは、その語の前後に何が現れるかで決まる、状況次第である。つまり、シナ語文法にとっては、品詞の区別、分類などというばかばかしい作業は、もともと無意味だということになる。

また、「誰々の」を表す「的」、例えば「我的書」（私の本）の「的」は、元来は「目標」という実質を示す語であるのを、このように流用、応用したものである。このような実質詞を、関係を示すだけの「…の」に転用し、「…の」という関係性だけを示す語への転化は、孤立語から膠着語型への一歩前進ということになろう。

今日、中国からやってくるモンゴル人などの留学生の多くは、漢語、つまりシナ語の方がモンゴル語よりも進んだ言語だと思っている。そのように教えられているのだろう。私が、逆だよ、モンゴル語の方が進化した言語だぞと言うと、一様にびっくりしたような顔をする。私自身、そのように信じているわけではないが、こうした、別の見方があることを知ることが、学問の第一歩でなければならないのである。

屈折型は膠着型より優れているのか

ところで膠着語の日本語では、「私」＋「の」というふうに別々になっていて一体化していない。二つの要素を並べただけである。英語では my のように、二つの要素が一体化している。このようなのが屈折語の特徴である。屈折語では、概念を表す実質部分と、文法部分が不可分に融合している。

しかし見方を変えて、このような融合体は、実質概念部と文法の道具に分けて考えてみれば、その分離を完成し、整理した膠着したタイプのほうが進んでいるのではないかという見方も現れる。

じじつ、サンスクリトのように古い形をさかのぼればさかのぼるほど整っていて、時代が新しくなるにしたがって、二つの部分に分かれてくるというのが多くの言語で観察されるところである。これは別のことばで表現すれば synthetic（総合型、いろいろなものを一つにまとめる）から、analytic（分析的、個々の要素に分ける）な型への発展ということになる。しかしこれは総合型から分析型への退化、言いかえれば崩壊へ向かう姿ではないかという見方もありうる。

この立場をとった人がデンマークの英語学者のオットー・イェスペルセンである。かれは一九二八年、英国学士院で行った講演「英語における単音節化」で、英語は歴史過程の中で単音節化を起こし、シナ語のような子どもっぽい原始的言語への道を歩んでいるのではないかと問題を提起した。英語の構造はこうしてシナ語にますます近づいているという話をもちだしたのである。

†内的言語形式

このテーマの背後には、文法は単純から複雑へではなくて、むしろ複雑から単純へ向かっているという、もう一つ別の考え方がひそんでいる。これは一九世紀から二〇世紀に入って、さらに二一世紀にはますます受け入れやすくなっている。

フンボルト自身にも、こうした矛盾しあう考え方があったように見受けられる。しかし、イェスペルセンのようにではなく、仮定された内的言語形式（innere Sprachform）という装置を通してである。それは、言語という形をとって表れた背後に、言語という形をとらない、言語以前の、言語に先立つ思考——つまり内的言語を考えた時代の話である。

フンボルトは、このように言語と思考の二重構造を考えていた。だから、孤立語のように一見原始的で、整わぬ文法しかそなえていないけれども、それがむしろ、すべてを満たした、あるいは過剰にすら文法を表示する言語よりも、聞き手により多くの想像力を求める点でよりすぐれているという考えに到達したのである。ここには近代言語学の出発点とは全く異なる観点が示されていて、考えるべき問題があるように思う。

5 語族ではなく「言語同盟」を——トルベツコーイ

†トルベツコーイという言語学者

言語学、とりわけ古代日本語の母音体系の復元という作業においては、ロシアのニコライ・トルベツコーイ（一八九〇〜一九三八年）は、たとえば有坂秀世（一九〇八〜一九五二年）に大きな刺激を与えたけれども、それ以外の点ではほとんど話題にならなかった人である。とりわけ我が国で日本語の起源を論ずる論者たちがめったにふれたことがなく、ま

トルベツコーイの肖像。自ら「クニャージ」と署名している。

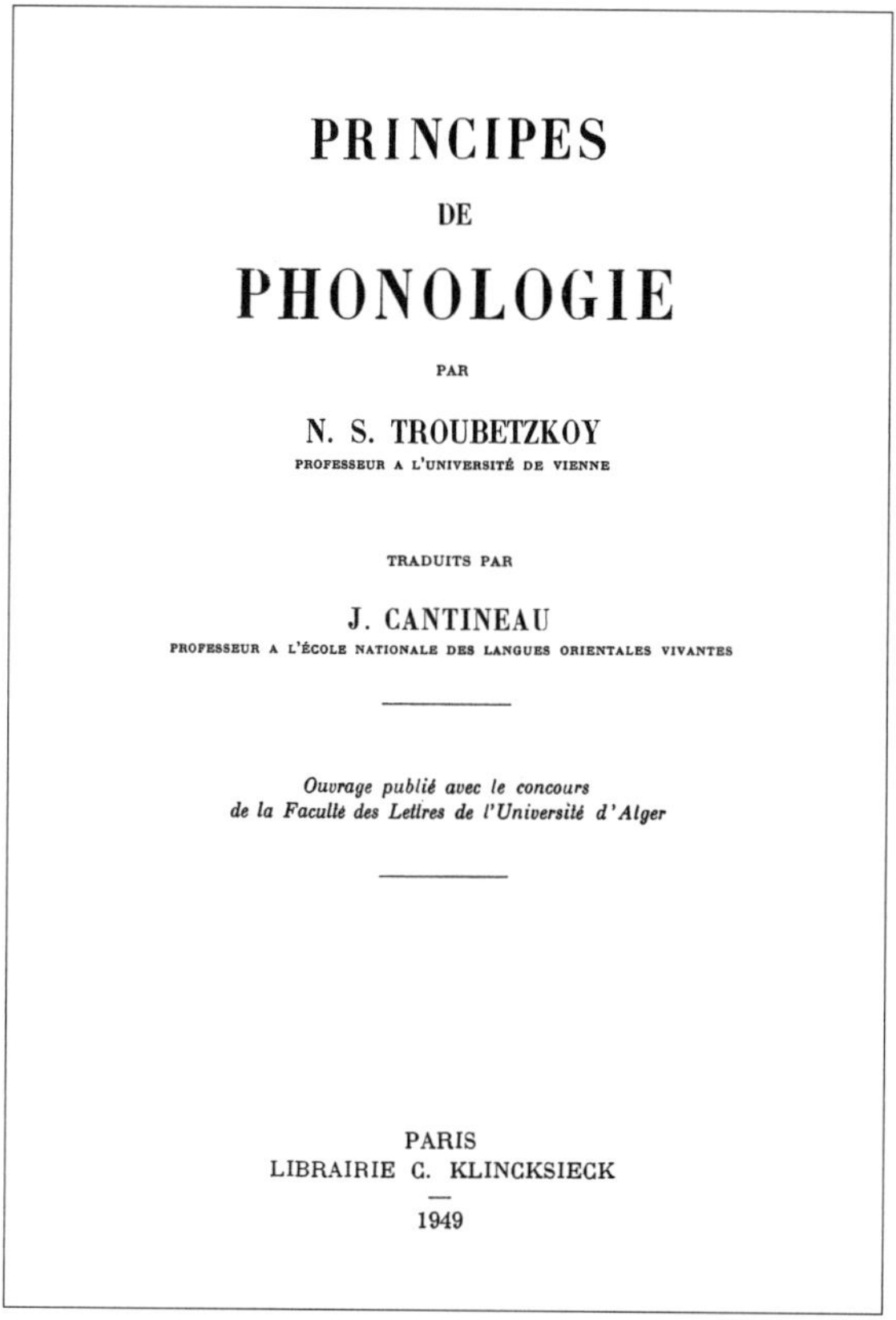

PRINCIPES

DE

PHONOLOGIE

PAR

N. S. TROUBETZKOY

PROFESSEUR A L'UNIVERSITÉ DE VIENNE

TRADUITS PAR

J. CANTINEAU

PROFESSEUR A L'ÉCOLE NATIONALE DES LANGUES ORIENTALES VIVANTES

Ouvrage publié avec le concours
de la Faculté des Lettres de l'Université d'Alger

PARIS
LIBRAIRIE C. KLINCKSIECK
—
1949

トルベツコーイの最後の著作『音韻論の原理』のフランス語版。

た外国の研究者たちもあまり話題にしないのが、トルベツコーイが提起した問題である。

この議論は、言語が同系であるとは何か、起源を同じくするとはどういうことかという、避けて通れない基本問題でありながら、ふれられないのは、この議論は究極のところ、言語の起源を問うことは無意味であるという点に到ってしまうので、起源論を好む多くの人が近づきたくなくなるからであろう。

貴族だったトルベツコーイ

本題に入るまえに、まずトルベツコーイの人となりを簡単に見ておこう。

かれは時に князь（クニャージ、公爵）という肩書をつけて呼ばれ、また自らも、それを書いて示すことがあるように（一二二頁写真の署名を参照）、その父はモスクワ大学の哲学の教授、セルゲイ・トルベツコーイで、後にモスクワ大学総長になった。そのような名家の出身であった。

ここで私は、かれの最後の作となった『音韻論の原理』のフランス語訳（*Principe de phonologie*, Paris, 1949）にロマーン・ヤーコブソンが寄せた、トルベツコーイ自身による自伝的おぼえ書きを傍らに置いて今、これを書いている。かれが最初に関心をもったのは民族学であって、一三歳の頃からフィン・ウグリア系諸族に関心を抱きながら、一九〇八年にモスクワ大学に入学した。一九一三年にライプツィヒ大学に留学し、ブルークマン、レスキーンなど名だたる青年文法学派たちのもとで言語学を学んだ。かれの「音韻論」をはじめ、多くの論文がドイツ語で書かれているのは、この留学経験によるものであろう。一九一五年にモスクワ大学で講義をもつことになって帰国した。その後、モスクワを離れてロストフに行った。その後さらに一九二〇年にブルガリアのソフィア大学からはじまって、一九二二年にウィーン大学に招かれるまで、決して楽ではなかったろうと思われる流浪の外国生活がはじまった。

†印欧祖語への疑問符

私は、かれの不安定な生活は、十月革命後のモスクワの政治的動乱によるものだろうと勝手に想像していた。事典類などで見る、かれの経歴を書く人もそのような書き方ですませているけれども、この手記によるとそうではなかったようだ。何よりもモスクワ大学の言語学のシャフマトフとそりが合わなかったようだ。ウィーン大学に職を得たが、最終的にはプラハに移って言語学集団を作ったか、それに加わった。

一九三八年三月、ヒトラーがオーストリアを併合した。トルベツコーイはナチスの人種理論を批判した論文を発表したため、ウィーン大学の職を失い、たびたびゲシュタポの訊問を受け、かれの蔵書は没収された。アメリカに脱出しようとしたが、それもかなわず、六月二五日病院で狭心症のため生涯を終えた。

トルベツコーイの最後の論文となったのは「インド・ゲルマン人問題についての考察」(Gedanken über das Indogermanenproblem) である。当時は印欧語、印欧人のことをまだこのように呼ぶ習慣があって、それに従ったのか、あるいは、わざと古めかしくインド・ゲルマン人と呼んで、迫りくるヒトラーの人種主義を皮肉ったのであろうか。

かれは言語というものは隣接の諸言語からいかなる影響も受けない孤立した状態は考えにくく、印欧祖語というものも、現実的存在としては考えにくいという。印欧語もその成立のはじめの段階では、いくつもの消滅した未知の言語があり、それが相互に接触しながら印欧語を作ったという考えだ。私の友人、ハラルド・ハールマンは、最近の著作で、ギリシア、ラテンなど印欧古典諸語形成のまえに、さまざまな言語があったことを示唆する著作を公刊した(『言語の世界史』二〇〇六年)。

だから、音韻法則をたてる以前の段階での音韻法則があったと考えなければならない。

ここで起源的ではなく、接触によって生ずる諸言語間の類似点に強い関心を呼びさまされた、バルカン諸言語の「後置される冠詞」の例について述べておこう。

†後置される冠詞

バルカン諸語とは、バルカン半島で話されるアルバニア語、ルーマニア語、ブルガリア語、マケドニア語などを指す。たとえばルーマニア語で munte（山）、fecior（少年）は、定冠詞がつくとそれぞれ munte-le、fecior-ul となる。

同様にブルガリア語では trup（体）、kon（馬）、voda（水）はそれぞれ trupът、konjat、voda-ta となる。語末の -t、-ta などが、他の言語では、それぞれの単語の前に来ているものである（Solta, p.186)。これらの言語はそれぞれ起源が異なるにもかかわらず、このように目立った冠詞後置の特徴をもつ。「後置される冠詞」という表現がいかに矛盾に満ちた妙な表現であるか、ちょっと考えてみればすぐに気がつく。冠はかんむりだから頭にかぶるものであって、名詞の前に置かれるからそう呼ばれるのである。日本の英語学者たちはそれで冠詞と訳したのであるが、バルカン諸語のように頭にかぶるのではなく、名詞のシリにはくのだから、あえて言えばパンツ詞か足袋詞とかになるだろう。

これらの言語の祖先はバルカン半島に入ると相互にふれあって同じような構造をもつに至ったのは、これらの言語が到来する以前に、そこにあった、より以前の今では消えてしまった基層語（substrat）の影響があったと考えられるのである。

このバルカン諸語が作る実質（Stoff）――個々の具体的な単語や文法の道具など――をこえた一致は、トルベツコーイにも強い印象を与えたにちがいない。だから印欧語において、特に日本語系統論で強調される「実質の一致」（stoffliche Übereinstimmung）にあまり大きな意味をもたせてはならないと強調する。このようにして、かれは印欧語を貫く六項目の類型的特徴をあげた。

†屈折語が優れている、というのは誤り

この論文で最後に念を押しているのは、「屈折語が膠着語より高い発展段階にある」という、印欧語学者たちが造りあげ、世にひろく行きわたった考えは誤りで、拒否せねばならないと、一九世紀以来支配してきた「偏見」を否定していることである。

さらに、印欧語の構造は、「原始的な屈折型を克服する途上で、しかも高度に発展した膠着型に到達することなく成立したものであった」という伝統的な印欧語至上主義の考え

とは全く逆の見解を表明したものである。

この関連で、トルベツコーイはシャルル・バイイがエスペラントについて述べた説明を引く。「エスペラントは疑いもなくインド・ゲルマン語を話す諸民族の理想を表したもので、それは、インド・ゲルマン語の材料を使って組み立てられた、純粋な膠着語だ」と。講演はここで終わっている。

私が今ここでトルベツコーイの論文について述べているのは、スウェーデンの言語学者B・マルンベリイが一九七二年に編んだ『近代言語学名篇集』の巻頭に収めてあるもので、このトルベツコーイの一篇は、一九三六年一二月一四日に、プラハ言語学集団の集まりで読まれた講演であると記されている。この講演は、後、かなり増補してActa Linguistica誌第一号（一九三九年）に掲載された。それを金子亨が翻訳し、かれの論文集『先住民族言語のために』（草風館、一九九九年）の巻末に「参考資料」としてつけたものだ。金子がなぜここに唐突に、このトルベツコーイの一篇をつけたか、説明していないのでわからないが、かれなりに、何か強いインパクトを受けたものと思われる。私がいまここに「考察」を紹介するにあたって、参照しながら書いたのは、マルンベリイが『名篇集』に収録した一九三六年の、最初の「プラハ講演」版である。

†言語同盟

注意しなければならないのは、この講演版ではまだ「異なる諸言語が相互に影響しあって、一つのSprachbund（言語同盟――従来この語は「言語連合」と訳されてきたが、私はあえて「同盟」とした）を作る」という考えはまだ現れていない。「言語同盟」という訳語は日本語としては熟さない。何よりもまず、言語が互いに相談しあって「同盟」を企てるなどとはありえない、言語じたいは決して意図することはないからである。たがいに近づこうと意図するのは常に、言語を使う人間だからである。ちなみに、二〇一二年にモスクワで刊行された「選集」に収められたロシア語版ではこの「同盟」は языковой союз というようにソユーズとなっている。ソユーズとは、「ソビエト同盟」の同盟である。

そしてトルベツコーイの著作をさかのぼっていくと、すでに一九二三年の論文「バベルの塔と言語の混淆」で、この「言語同盟」ということばが登場する。「言語同盟」すなわち起源を異にする言語が相互に影響しあって類似点を作りだし、それを共有しながら一つの「同盟」を作るという、「印欧祖語」説と全く相いれない考えは、早い時代からトルベツコーイの中に芽生えていたが、やがてヒトラーとその周辺に、アーリア人種の絶対的優越観が勢力を増していくにしたがって、トルベツコーイの「同盟」論はますます高まっていったものと考えられる。

ここで忘れずにつけ加えておかねばならないのは、出自の異なる諸言語が、ある地域で接触しあって、共通の特徴を共有するに至るという現象に注目し、言語類型学に特別の注意を払うべき重要性を主張したという点で、トルベツコーイは決して孤立してはいなかったということである。そこにはすでにボドワン・ド・クルテネ（Baudouin de Courtenay 1845–1929）のような人がいたからである。このことは山口巖『パロールの復権——ロシア・フォルマリズムからプラーグ言語美学へ』（ゆまに書房、一九九九年）の七〇〜七六頁にややくわしく述べてある。

†拡大された民族

ここで、トルベツコーイが、ヨーロッパ人の理想をめざした結果、膠着原理によって生まれたエスペラントについて言及した、シャルル・バイイを引用するに際して述べたことばを、ロシア語で残っている原稿から写しておきたい。

もしも言語学者たちが、今日まで、膠着語が屈折語よりも原始的だと考えてきたとするならば、自らがさまざまな印欧語、すなわち屈折語の話し手として明らかに自己中心的な偏見に陥ってしまったことになる。この偏見から脱して次のことを認めなければならない。アルタイ型の純粋に膠着的な言語は、むだなく利用された少ない音素と、必ず語頭に来るおかげで、わかりやすく区別されている不変の語幹、さらに、常に全く同じ意味をもってわかりやすく添えられる接辞と語尾によって、屈折語よりは、はるかに完全な道具になっている［……］。多くの印欧語においては、すでに屈折はさきに述べたカフカス語のように過剰になってはいないとしても、アルタイ型の膠着語の技術的完成度にはまだ遠いものがある（p.331）。

トルベツコーイの言語学の基盤には「民族」がある。しかしかれの民族は、そこにいくつもの異なるエスニックな要素をもちながら、より拡大した同盟に向かう可能性をもった、複数の民族からなる「拡大された民族」である。この問題については、あとで第五章の「ツラン主義」と「ユーラシア主義」の項で、ふたたび立ちもどって考えることにする。

6　膠着語に対する積極的評価

†トルコ語は単純で論理的

屈折語が多くの不規則形をもっているために、それを崩壊から守り、その形態を維持するためには多大な努力を要する言語構造であるのに対し、膠着語がもつ驚くべき規則性を強調した見方があることを、ある実用的な著作で知った。それはイギリスで出版され、世界中でひろく読まれている「ティーチ・ユアセルフ」叢書の一冊、『トルコ語』（一九五三年）である。その序文は、次のような書き出しではじまっている。

トルコ語はアルタイ語族であるテュルク語の枝分かれの一つで、ヨーロッパ南東部からイェニセイ河上流と中国の国境にかけて、ほぼ五〇〇〇万人によって話されている。通商、軍事、あるいは研究目的でトルコ語の知識を必要としている人には、関心を持っていただきたいと特に説得する必要はないだろう。だがこの言語を学ぶには、別の種類の理由がある。トルコ語の構造は単純《シンプル》かつ論理的《ロジカル》だ（たった一つの変則動詞と、たった一つの不規則名詞があるだけだ）。

「単純」は、時に侮辱的に用いられることがあるけれども、ここで言うばあいの「単純で論理的」とは、いずれもほめことばとして用いられている。漢字を使わずに、もっとシンプルに言いかえれば「すっきりしていて、すじがとおっている」と言えばいいだろう。

著者はオックスフォード大学でトルコ語を教えているルイス（G. L. Lewis）先生となっていて、おそらくこのルイス先生は英国人、つまり、英語を母語としている人だろう。私は、この英語を母語にしている人が、トルコ語のことを、劣ったことばだなんて思うどころか、とりわけ「論理的」だと言っていることに注目するのである。

トルコ語はアルタイ語を代表する言語だから、同様なことは、アルタイ語としてトルコ語につながっている日本語にも当然言えることである。つまり、日本語は英語のように不規則な屈折変化をおぼえなくてすむ、簡単ですっきりしていることばなのだと。これは先に述べた森有礼の考えたことと似ている、いな、同じかもしれない。こんなに整然とした文法をそなえた言語を世界から遠ざけているのは漢字というやっかいな文字だけであろう。

†英語の文法はムダで非論理的

ルイス先生が、アルタイ語のことを「単純で論理的」だと言っていることは、言いかえれば、英語を含むインド・ヨーロッパ語のほうが、「より単純でなく、より論理的でない」と言っていることにひとしい。

では英語人から見て、トルコ語がより論理的であって、英語のほうがより論理的でないとは、何のことを言っているのであろうか。

私たちは英語をはじめて学ぶときに、いっせいに、恐るべき障害にどっとおそわれて、手も足も出なくなってしまうあの感覚を思い出してみよう。

まず、「誰々は何々だ（である）」というこの単純な文を言うために、なぜ「である」を現在だけでもam, are, is,という三つもの形をおぼえて、使いわけなければならないのであろうか。これはヨーロッパ語に共通する悪弊というほかない。「論理」としては、「である」一つで足りるはずだ。その一つであることを特に示すことが必要になると、一つにまとめた全く別の語根をもった不定形beを持ってこなければならない。これがまたやっかいだ。

このやっかいさを取り除いたのがエスペラントだ。主語がI, you, he, she, it, we, theyのどれであろうとbe動詞のところは人称、数にかかわらず、いつでもestas一つだけですむようになっているのが、エスペラントの規則性である。無用な屈折性を除いて膠着性を前面に出したエスペラントが、アジアの中国、韓国、日本にも多くの支持者を見出した理由である。中国は今なおエスペラントの国際放送を続けている珍しい国であることも知っておこう。

†変化しないままで変化する

このようなウラル・アルタイ諸語の膠着性を、むだなことばを使うことなく見事に言ってのけているのが、コセリウ（Eugenio Coseriu 1921-2002）さんの次のようなことばだ。

> あきらかに体系が規範を凌駕し、機能的な可能態の方が、伝統的な実現態をしのいでいるような言語が存在している。たとえばフィン＝ウゴール語のような比較的単純で規則的な構造の言語がそれである。これらの言語は、一般により少なく変化し、あるいは「変化しないままで変化する」（『言語変化という問題』二〇二頁、傍点原文）。

これは、言語「体系」と言語「規範」について説明したくだりで述べられたものであるが、「体系」とは、機能、つまり、言語が言語として、きちんと働く、——通じる——ためのものでもあり、規範とは、通じるという機能——働きをこえた、それ以上の不合理な教育、権力によって押しつけられた規則のことである。

なおここでフィン＝ウゴール語というのは、ウラル・アルタイ語と同じ意味である。コセリウさんはアルタイ語は全くさわったことがないので、自分の知識に忠実に、こういう表現をされたのだと思う。

7　言語類型の評価

†膠着型言語の「不完全さ」

今日では、言語の優劣を論ずることは好まれないし、それぞれの研究者が思ったことを率直に言わないように自粛する風潮に支配されていることもあるだろう。またそれは人種の優劣を論ずるのと同類のこととされているからだろう。この問題は、やはりヨーロッパ、とくにドイツではよく論じられたことである。

印欧比較言語学はナチズムによってユダヤ人排斥の理論的根拠として利用された歴史があるので、人種主義と結びつくことには特別に敏感である。さきに述べた、クルマースが「他国の言語を批判してはいけません」といったのもその伝統に従ったのかもしれない。ルト・レーマーさんの『ドイツにおける言語学と人種イデオロギー』(一九八五年)は、この問題をくわしく扱っている。

フンボルトは屈折型の言語は、一つの単語の中で実質部門と、関係を表す文法部門とが有機的に融合している点で、すぐれている。それを分離して、別々に表示する膠着型は、屈折語と孤立型との、「どっちつかずの混血児(Zwitterwesen)」だと言っているのは、日本の研究者の気持をずいぶん傷つけたにちがいない。もとのドイツ語では「どっちつかずのもの」でいいのだが、ここに「混血児」を入れたのは、読者の理解のために亀山さんが加えた工夫だ。この訳語にこだわることはやめておきたい。

フンボルトのさきの著作を『言語と精神』(法政大学出版局、一九八四年)の題名で翻訳した亀山建吉は、この本の中で「日本語については片言隻句触れられていない」(六三三頁）ことを残念に思ったらしく、付録として特別に「フンボルトの日本語研究」を設けて、フンボルトが日本語に関心があったことを示そうとしている。

この付録は、訳者自身の考えでつけ加えられたものか、あるいは出版社の意向によって加えられたものか、私には明らかでないが、いずれにせよこの「序説」のテーマとしては、フンボルトの言語論とはいささかも関係のない余計なこころづかいであったろう。ここでは膠着型言語の「不完全さ」、「不徹底性」を明らかにするのがフンボルトの目的だったからである。亀山さんによる、日本の読者への特別な、しかも無用な心づかい、サービスだったろう。

†世界における日本語の位置

日本語が膠着型で、それが、「屈折型」のように意義部と文法部が、張り合わせてあるにとどまり、融合をなしていない「非有機性」のあらわれというとらえ方は、青年文法学派が意気盛んに活躍していたさなかのドイツに留学していた上田万年（一八九〇～一八九四年）によって、次いで藤岡勝二（一九〇一～一九〇五年）によって、世界における「日本語の位置」を考えるにあたってもするどく感知されていたにちがいない。

上田万年が帰国直後に行った講演の題名は「国語のため」であり、「国語は一種の教育者、所謂なさけ深き母にてもあるなり」は、G・シュミット - ローアの『諸民族の教育者としての言語』(*Die Sprache als Bildnerin der Völker*, 1932) をいわば先取りした表現であるし、「此自己の言語を論じて其善悪を云ふは、猶自己の父母を評するに善悪を以てし、自己の故郷を談ずるに善悪を以てするに均し。理を以てせば或は然らざるを得ざらん。しかもかくの如きは真の愛にはあらず。真の愛には選択の自由なし、……」という悲痛な表現の一節にはヨーロッパ留学中に得た、とりわけフンボルトの膠着語に対する低い評価、蔑視にさらされたのと同様の印象が投影されていると思わざるをえない。

おそらく上田の後継者として、同じライプツィヒを中心として留学した藤岡は、イェスペルセンなどの新しい視点にふれて、膠着語に対して、変化しつつある新しいイメージをしっかりと手に入れていたにちがいない。そこで帰国後の講演の題は、世界諸言語の中で日本語がどのような位置を占めているかを冷静に見極めようという覚悟の伴った講演、「日本語の位置」となり、それが、日本におけるウラル・アルタイ説論議の第一歩になったと思われる。だからこそ、これが単なる学問体系としての言語学の導入よりも、はるかに広い分野の識者たちの注目をあつめたのは当然であり、それは単に大学の備品としての言語学の輸入にとどまらず、心ある人々が日本語の位置を知るための必須の用具、武器としての期待と願望が込められていたのである。

†日本におけるウラル・アルタイ説論議の第一歩

これで、藤岡の一九〇八年の講演における、ウラル・アルタイ説の紹介が、おそらく日本における、ウラル・アルタイ説の発端になったことが明らかとなる。そして、藤岡の日本語とウラル・アルタイ語の同系説は、音韻法則による「科学的」、あるいは「真に学問的な」証拠によるのではなく、より直観的な実感にもとづいていた。ただし藤岡のあげた一四項目のうち、第三項の、ウラル・アルタイ諸語すべてに見られるのに、日本語にはないとされた「母音調和」の現象は、ほどなく一九一七年、橋本進吉などの研究によって、奈良時代にはまだ「母音調和」の余映が存在していたことが明らかにされることにより、この一四か条のすべてに日本語もあてはまることになって、日本語の類型的な特徴はウラル・アルタイ諸語の特徴と全面的に一致することになったのである。

この伝統はその後ずっと維持され、戦後の、大野晋の『日本語の起源』（一九五七年）にも受け継がれてきたが、服部四郎はこの類型比較は言語研究を「科学以前にひきもどす」

ことだと批判し（一九五九年）、それに多くの研究者が追随して今日に至り、今日にまで及んでいる。

これまで見たように、日本語がアルタイ語に属するという見解はアルタイ語の使用者によるショーヴィニズムの発露ではなく、逆に当時のヨーロッパでは、その膠着性を特徴とする日本語の負の特性として意識されていたことは疑いのないことであろう。上田はわざわざそれに言及しなかったけれども、藤岡はそれを敢えて受け入れ、日本語学と言語学の新しい出発点にしようと覚悟を決めたのだと思われる。

第四章

日本におけるアルタイ語類型論の受容の歴史

1　音韻法則に幻惑された日本言語学の科学主義

†日本での日本語起源ブーム

戦後一〇年ほどの間、日本の出版界では、日本人の、日本文化の、そして日本語の起源についての著作が相次いで現れ、それぞれが大きな話題となった。日本人が圧倒的なアメリカの軍事力に威圧された状態から、やっと日本文化がもつ固有の価値に目ざめはじめた頃だ。私の世代はこのような雰囲気のまっただなかで育った。当時、このような雰囲気の中で話題になったのは安田徳太郎の『人間の歴史』（一九五一年）、『万葉集の謎』（一九五五年）であり、次に大野晋さんの『日本語の起源』（一九五七年）が現れて、問題が具体的な形をとった。

私が東京外語に入ってモンゴル語の勉強をはじめたのが一九五三年だったから、たぶん、四年生のときに現れたこの本を待ちかまえていたかのように読み、他に言語学に興味をもったフランス語、ドイツ語などの学生何人かと相談して、大野さんに来てもらって授業を聞こうじゃないかということになった。私がぐずぐずしている間に、その中の一人がいつの間にか、大野さんのところに行って直々に話をつけ、教務課と交渉して実現してしまった。

私がなぜぐずぐずしていたかと言えば、大野さんは学習院という家柄もよくお金もある学生たちを教えている人だから、貧しい外語の学生たちの希望をどう伝えたものか、ちょっと工夫がいるぞと考えていたからだ。当時、東京外語というところは、よくもまあ、こんなに貧しい学生だけを選んで集めたものだと思われるような貧民収容所のような観を呈していた。建物も火薬庫の廃屋に馬小舎がついたようなふぜいだった。

なぜそうなったのか。かつて、お堀端にあった外語の校舎は、東京への爆撃がはじまった頃、これでは宮中から炎上する様が丸見えになるのでおそれ多い、と考えて、とりこわしたのだそうだ。それ以来さえない隔離病院とか、そんなところを転々としていたということである。教室は雨の日は必ず天井から雨漏りするので、その場所に雨受け用に持って行くために、各教室には洗面器が一〇個くらいづつ常備されていたという話である。

つけ加えておきたいのは、貧しいけれども学生たちは志高く意気盛んだったことだ。学生寮では、学生たちが夜、空腹をがまんするために、五円ずつ金を出し合って、そばの玉を買ってきて裸のニクロム線の露出した「電気コンロ」の上で、ナベに入れて醬油をかけ、三人で分けて食べていたものだ。

†大野晋という人

だが現れた大野さんは、学生食堂でご飯だけとって一五円で食事をすませてしまう方法などについて語ってくれる、貧乏学生のふところぐあいをよく知っている人でもあった。しかし大野さんが話した、一五円で皿に盛っただけのごはんを食べるという技術は、期待はずれだった。塩をふりかけたり、ソースやしょう油をかけて食べるという、誰でもやっていることだった。けれども学生たちは、先生の努力に敬意を払って、おとなしく聞いたのである。

教室に現れた大野晋はちょうど四〇歳くらいで、若い盛りであった。その、人類学や民族学にまで広く関心を示した勉強ぶりから、小柄で痩せてはいるが、いまがあぶらの乗り切った盛りの人だという感じがした。学者には大柄の人もいれば小柄の人もいる。私が尊敬してやまないドイツの言語学者にペーター・フォン・ポーレンツ（Perter von Polenz）という人がいる。一九八〇年代のことだったと思うが、私はトリーア大学で言語学の話をドイツ語で講演することになった。すぐ前の席にポーレンツ先生が座って私の方をにらんでいる。年はとっているが、大野さんのように小柄な人だった。恥ずかしかったが、もう逃げられない。やってしまうしかないんだ。講演が終わってから二人で学生食堂でワインを飲んだ。私はたずねた。ポーレンツ先生はゲッティンゲンにいらっしゃると思っていたのに、どうしてトリーアに？　先生はこう答えた、ビールよりもワインのほうが気品のある（vornehm）飲み物なのでねえと。トリーアはカール・マルクスの生れた町で、ワイン商人の町だ。

†『日本語の起源』

大野さんの話にもどろう。そのとき大野さんが力説したのは、研究室のワクを取り払わねばならないということだった。大野さんの勉強のしかたは、全く縁のない人類学だの考古学だのの研究室をたずね歩いて、教授たちに準備した質問に答えてもらうんだということだった。そしてこの本は若い大野さんが探求心をいっぱいに開いて、広く隣接領域にガツガツと欲深く踏み出した画期的な著作であった。誰もが大野さんに魅せられ、学問はこのようにやるもんだと、身をもって示されたのだと思ったはずだ。

ところがそれから三七年たったあとには、書名は同じながら、全く内容の異なる二冊の新版が、同じ岩波新書で同じ題名で刊行された。このことはあとでまたふれるが、ここで述べる一九五七年の旧版（今は絶版のようだ）は旧版として特別な、そして歴史的な価値があるから、今はこの一九五七年の『日本語の起源』だけを話題とする。まずこの本に対する言語学者・服部四郎の論評をかかげる。

最近大野さんが好著『日本語の起源』（岩波新書289）を公にされた。［……］大野さんは専攻が国語学であるにも拘わらず、人類学・考古学・民族学などの著書論文を広く読み、東洋の諸言語をもよく勉強して、驚くべき勤勉と勝れた才能を発揮された。［……］しかし、これだけ広い研究範囲で、各分野の専門家と伍して劣らない活躍をすることは極度に困難である。だから各専門家たちからは相当の言い分があるに違いない。（三三六〜七頁）

†言語学以外の学問も学んでこそ

私はこのような一節を読んで、ああ、日本語で書いてあってよかったなあと思った。外国の言語学者たちには読んでほしくないせりふだったからだ。なぜなら、専門の言語学以外のことにはなるべく手を出さないほうがよいと言っているみたいな、まるで中学の先生が生徒をたしなめているような幼稚な内容だからだ。そして、何よりも、日本の学問の貧しさを、恥ずかしげもなく、丸ざらしにした書き方だからだ。西洋の言語学者には専門以外の美学などにも恐ろしいほどの学識を有している人がいて、服部さんのこの文章を読んだら、日本人の言語学者の何という貧しい自制心、禁欲主義！　とあきられるだろうから。

言語学者は他の領域にあまり関心をもたないようにというのは、記述言語学に御自身没入しておられた服部先生御本人の自戒のことばとしてはわかるが、学生たちに押しつけるべきではなかった。これよりあとのことだが、チョムスキーはこう語っている。幸い、チョムスキーのこの本が出たときは、服部さんはもう亡くなっていたんだが。いわく「学部と大学院の両方を言語学を学ぶことだけに費やすには、世界はあまりに豊かすぎます。学生は他のことにも集中すべきだと言いたいですね」（『生成文法の企て』岩波書店、二〇〇三年、一二七頁）。

また私にはここに服部さんが用いた「好著」ということばがひどく気に入らない。なぜ気に入らないか、その理由が自分にもよくわからないので、そのわけを探すつもりで国語辞典類にこの「好著」がどう説明されているかをさがしてみた。人の著作に敬意を払って使う「高著」なら小さな辞書にも出ている。私も、ときに、本をいただいたときなどに、さらに「御」を入れて「御高著」と使うことはある。さがしてみたが「好著」はどの辞書にもなかった。服部さんが思いついて、漢字を組み合わせて辞書にもないこういうことばを作って使うのはいいとして、弟子たちがそれをそっくりまねて使うのに出会ったとき、閉鎖集団が一種のヤクザことばを愛好するような雰囲気を感じた。言語学ではこのような用法をジャルゴンという。日本の学問には、時に学派ジャルゴンというものが鋭く現れる。

さらに「コーチョ」というオトがきらいだ。特にこれを平板式のアクセントで発音したときに。自分はえらいんだという、高い所から見下しながら、ちょっと口もとをつぼめて人の著作をたしなめ、評するときのあの態度を連想してしまうからだ。本題からはずれるけれども、だまっているわけにはいかないので一言はさんでしまった。

†日本の言語学会における類型論的把握への不信

さて、服部さんのこの論評は、まずアイヌ語と日本語の関係を論ずるにあたって、人種的に近いからといって、それを言語の近さにあてはめてはならないと説いた後に、言語の構造の類似は、親族関係の有力な証拠とするのによほど用心しなければならないのに、その点で遺憾の点が時々ある(三四〇頁、「構造」の圏点は原文どおり)。

ここで「構造の類似」としてあげられているのは「動詞の活用のしかた」とか、さらに「最も重大な点」としては、ほかでもない「音韻法則」の概念について述べられているくだりである。ここには服部さんの根本的確信がもらされている。ここで表明されているのは服部さんの、堅固な、素朴青年文法学派的信念と、さらに、一般的に言語類型論への不信である。とりわけ服部さんの著書『日本語の系統』(一九五九/一九九二年)に示された、服部さんの直接の師である藤岡勝二の類型論的取り組みに対する冷ややかで否定的な態度は、このあとでも述べるであろうが、類型論的把握への不信がこのように言い表されている率直さは、かえってすがすがしく感じられるほどである。

†大野晋によるアルタイ語の特徴

さて、話を大野さんの『日本語の起源』にもどす。この本で大野さんは、「アルタイ語の特徴と母音調和」という一節を設け、「ここにいわゆるアルタイ語の共通の点をあげてみよう」として箇条書きにしたアルタイ語の諸特徴があげられている（一四〇〜二頁）。大野さんはそれぞれの項目に、ややくわしい説明をつけているが、それを省くか、大いに縮めたうえで、以下に掲げる。

(1)印欧語が共通にもっている名詞の単数・複数の区別は、アルタイ語では「厳重でない」か、「そういうことは一般に行われない。」

(2)印欧語では名詞に男性・女性といった区別のあるものが多い。「こうしたことはアルタイ語にない。」

(3)印欧語には冠詞というものがあり、名詞の前について男性・中性・女性・単数・複数などによって複雑な変化をする。「これはアルタイ語にはない。」

(4)日本語ならば、助詞「ガ」「ノ」「ニ」「ヲ」などで表現する格変化を、印欧語では語順か語尾変化で表現するが、語尾がやはり男性・中性・女性・単数・複数により変化をする。こうしたことはアルタイ語にない。アルタイ語は後置詞（日本語の助詞）を用いる。

(5)アルタイ語では、一般に名詞と形容詞の間に、はっきりした区別がない。
(6)アルタイ語の形容詞には、印欧語のような比較級・最上級という特別の形がない。
(7)アルタイ語の動詞の基本形は、そのまま名詞に用いられる。日本語のアソビ・ナゲキなどは動詞の連用形をそのまま名詞に用いられる。
(8)アルタイ語には、印欧語のような受け身の表現はなく、動詞の後に「アル」という語をつける。日本語の「殺サル」「投ゲラル」のル・ラルはアルと古い関係があるらしい。
(9)アルタイ語では動詞の使役形を作るのに「為(ス)ル」という動詞から転じた語を、動詞の後につけて表すことが多い。「殺サス」などのス・サスは「為(ス)」と古い関係のあることばらしい。
(10)印欧語に多く用いられる、いわゆる関係代名詞はアルタイ語にない。
(11)形容詞や副詞は、名詞・動詞の前に来る。目的語は動詞の前に来る。
(12)疑問文は、文の終わりに疑問の助詞をつけて表す。「雨降ルカ」のように。

大野さんは以上の「構造上の類似」一二項目を掲げたあとに、アルタイ語に共通する一つの注目すべき特徴として「母音調和」をあげている。この「母音調和の発見」は、大野さんをはじめ、日本の国語学者たちが誇りとしてやまない一大偉業であった。それは今日、日本語にあるア、イ、ウ、エ、オの五つの母音（a・i・u・e・o）以外に、奈良時代まではさらにイ、エ、オの三つの母音については、それぞれさらにもう一つ別のシリーズの母音（ï・ë・ö）があり、計八種類の母音があったという発見である。そして、この八つの母音は甲、乙の（ウラル・アルタイ語学では甲乙とは呼ばず、女性母音、男性母音と呼ぶ呼び方もする）二類に分かれ、一つの単語の中では甲乙は共存しないという、アルタイ語のすべてを貫く、母音類別の原則と一致する原理としてあげた。

学生であった私は、これだけの「特徴」を見せつけられて、うなってしまった。大野さんも、さも得意そうに授業でもまたそのように話されたものである。ではしかしいったい、ここに述べられている一二箇条の特徴は大野さんが独自に、はじめて気がついたものだろうか。それとも誰かが発見し、それをどのようにしてこのようにまとめられたのだろうかという疑問はそのまま残って、年をとってしまった。私もまた、時代の風潮に巻き込まれて服部四郎に同調し、このようなしろうとっぽい類型学な考察は正流ではないんだとばかにして、そこから関心が離れてしまった。

ところが最近、私のゼミナールで学んだことのある柿木《かきぎ》重宣《しげたか》君が『日本における「近代言語学」成立事情Ⅰ　藤岡勝二の言語思想を中心として』（ナカニシヤ出版、二〇一七年）を送ってきた。そこには「日本語系統論における藤岡勝二の「日本語の位置」の再検討」という一節（九一～一〇三頁）が設けてあり、藤岡勝二が大野さんと似たやり方で一四箇条の特徴を掲げていることを知った。私はこのことから大野さんの一二箇条の出所の起源は、一九〇八年の『国学院雑誌』に発表された藤岡勝二さんのものか、そのバリエーションではないかと見当をつけたのである。

†大野さんのスタイル

大野さんの著書にはよくあることだが、その説の提唱者、発明者のことにふれることは一言もなく、まるで全部がご自身の発明かのようにしてどんどん話が進められるのである。だから大野さんの話はしろうと受けしやすいのである。ことばについてしろうとという点で最たる人たちは作家である。たぶんこれは大野さんが親しくつきあわれたらしい作家たちのよくない習慣に学んだものではないかと思う。作家という名を帯びる人たちは研究者たちの仕事から多くのヒントを得ながらも、決してそれには言及しないという文芸世界特有の流儀が身についているらしいのである。

それからまた大野さんには、単に「著者」という立場を超えた、一種「エディター（編集者）気質」のようなものが感じられる。それは自分の手で研究し開発したというよりも、近隣の畑から気に入った野菜を集めてきて、楽しい料理を作ってしまうわざにたとえられよう。その気軽な気質が、自分のとは異なるいろいろな専門の研究室を渡り歩いて必要な知識を集めるという作業に向いているのであろう。いまのような時代は、たぶん大学の研究室はそんな開放的な雰囲気はないと思う。しかし一九五七年頃の学生には、大野さんの話されるふるまいは、うらやましいような自由さがみなぎっているように思われた。

この編集者的な著作は最近はずっと増えてきた。もちろん集積される材料は、自ら、外国語の原典から集めたオリジナルな資料ではなく、たいていは日本語に翻訳された材料ばかりである。今日、いかに多くの著作が、自らの著述というよりも編集によって成り立っているかは今日しばしば見かけるとおりである。五〇〇頁でも六〇〇頁でもこえる気の遠くなるような著作がキカイのおかげであっという間に書けてしまうからであろう。読んでみると、まるで百科辞典のように、知識を集めた物知り本である。

かつてはそれぞれの著者が、自らの心血を注いだ研究を、ささやかな小さな書物として出版できたのであるが、今日の編集本著作は分厚い本になっていて、知りたいことは何でも書いてあるけれども、著者がなぜそのような考えに到達したかは明らかでない。だから知識は得ても、なぜそのような知識を求めるに至ったかの動機や過程は表に出てこない。このような感じが気まじめな服部さんにあのような批判的な文章を書かせるに至った理由の一つでもあろう。

†「言語学以前に逆もどりする」——服部四郎による批判

話を藤岡さんが掲げたアルタイ語の一四箇条の特徴にもどそう。柿木君は、それを服部四郎の『日本語の系統』（岩波文庫、一九九二年）から引いて「これほど簡潔にまとめた」ものはないと書いている（九一頁）。しかし、柿木くんが書くべきであったのは、「簡潔なまとめ」ではなくて、もっと大切な別のことだったのだ。そのことを以下に述べる。

『日本語の系統』は元の版が一九五九年に出たもので、私の書棚にもあったのだが、私はこの一節に特に意をとどめることなく今日に至ったものである。服部さんの『日本語の系統』には、アルタイ語の特徴としてはまず六項目があげられ（三〇頁）、次いで、ウラル・アルタイ語族その他との関係の項で、藤岡勝二のこの一四箇条が登場する（六五〜六頁）。藤岡勝二は生年が一八七二年だから三六歳のときの発表である。一四箇条が一九〇八年に「国学院雑誌」に発表された最初のもので、六項目は、服部さんにより、より現代の用語を用いた簡略版であると考えていいだろう。そして藤岡勝二の所説は「明治時代においては、白鳥庫吉、宮崎道三郎、中田薫、金沢庄三郎、鳥居龍蔵の諸博士が注目せられる。」と述べてある。

服部さんは、これらの項目は、「注目に値する」としながらも、「音韻法則が軽んぜられている」。「音韻法則を無視して言語の比較研究を行うことは、言語学以前に逆もどりすることを意味する。また、音韻法則が発見されない限り、二つ（以上）の言語の親族関係は証明したとはいえない、といえるのである。」（二四四頁）と、音韻法則が他のすべてに優先するとの信条を繰り返し述べるだけでなく、さらにすすんでこれら「構造的特徴」の指摘は「言語学以前に逆もどり」だと全く評価しない。

では服部さんが、なぜこれら藤岡勝二があげた類型的特徴を全項目をあげてていねいに紹介したかといえば、これらには、まったく学問的価値がなく、こうしたことに関心を抱くのは「言語学以前に逆もどりする」ことだと指摘するため、つまりこの方法には何ら積極的意味はなく、ひたすら、それを葬るために引いたということになる。柿木くんは、服部さんの引用を「これほど簡潔にまとめた」ものはないと言うにとどまっているが、服部さんの引用の目的は、藤岡勝二の所論を否定するためであったことをはっきり書くべきであった。「構造的特徴の指摘と発見」の方法を無駄な力だと宣言し、それを学問の場から排除することこそが、ここでは服部さんにとって、最も重要なことであったのに。

大野さんはその後、服部さんの「水深測量」作業に協力されて、日本語の基礎語彙選定をやられたから、服部さんに抗して「構造的特徴」の重要性を指摘して類型論を弁護するような試みは繰り返さなかった。そして次には全く方向を変えて日本語と共通起源が想定される言語として、ドラヴィダ語へと南進してしまったのである。

†服部さんも類型論が前提だった

さきに述べたように、服部さんが言いたいのは、大野さんは、そんなことを持ち出すことによって日本語の誕生問題を学問以前に引きもどし、藤岡勝二の亡霊を復活させた、あやしげなことをしでかした人だということになろう。

しかしその後、服部さんのことを調べていて、ふしぎなことに気がついた。一九五九年発行の『アジア歴史事典』第一巻の「アルタイ諸言語」の項を執筆したのは服部四郎であるが、そこでは、これら諸言語が共有する「多くの言語構造上の類似点」として九項目をあげていて、そのやり方は、同年に現れた大野晋が『日本語の起源』でやった方式と何ら異なるところがない。

また『国語学大辞典』(東京堂出版、初版一九八〇年、一〇版一九九九年)の「アルタイ諸語」の項目も服部四郎の執筆になるが、ここでもまた一一の条項をあげてその類型的な構造を説明している。この方は歴史事典ではないから、説明はよりくわしいけれども、アルタイ諸言語の説明としてはひとえに「構造的」な、すなわち類型論的な説明につきている。「類型的説明は、学問を言語学以前にもどすこと」だと言いながら、やはりアルタイ語の同系関係の証明は類型論によらざるを得なかったことが、しろうと向きに、てっとり早く示されていて、このあたりに服部さんが、やはりアルタイ語とは類型論にもとづく概念であると基本的には認めていることが感じられて共感がもてる。

†『日本語の起源』の新版

大野さんはそれから三七年たった一九九四年に、同じ『日本語の起源』という題名の上下二冊を、ただし「新版」と書き添えて、岩波新書から出された。内容は新版ではなく、別の新著と言うべきものだった。大野さんの「類型論」は、その後どのように深まるかを期待していたのだが、ここで思いもかけない展開を見ることになったのである。

この新版ではまず大野さんの自伝的回顧がくりひろげられていて、そこで述べられているのは、東京の山の手育ちの人たちはドイツ語だのヨーロッパの言語に熱中し、ヨーロッパ式の学問をやるのに反し、自分のような下町の商家育ちの者にとって「日本文化の成立史を考えるには北方アジア大陸に根源を求めるだけでは足りない、南方にも目を向けなくてはならない」として、熱狂的に説かれたのはタミル語との同系説であった。ふしぎなのは、なぜ山の手育ちがドイツ語や北方アジアで下町育ちが南方アジアなのか、これは、もしページが余ったら、本書のあとがきにでもふれるかもしれない。

私は、七〇歳をすぎて、このような学説上の大転回をとげられた大野さんに深い敬意を抱くものである。若いとき身につけた遺産の上にあぐらをかきつづけるのでなく、全く新しい言語であるタミル語に挑戦し、これほどに熱中できる大野さんは並の人ではないし、また転向の身軽さも並みではないと深く感銘したのである。

いったいい大野さんの上に何が起きたのだろうか。いかめしい言語学者でも、訪れた土地で受けた印象、心あたたまる手厚い接待などによって心情が変わることもあろう。そのような心情を示した人として、「ソビエト言語学」を築いて、最後はその業績全体をスターリンに葬られてしまったニコライ・ヤコヴレヴィチ・マル（一八六四〜一九三四年）のことを思いあわさざるを得ない。

マルはマールと書く人もある。私は最初この人の名をロシア人の口からぢかに聞いた。それはマルルル…というような発音で、もとのつづりのMarrにあわせて、ルルル…とひびかせ、はじめの母音節マは鋭どく短かく発せられるはずのものであって、その通りであった。しかし、昨年、モスクワで発音してもらったところ、そうではなかった。いま私はそれに同調せず、むかしの発音に従ってこの人の名を呼ぶ。

†マルのイベリア・カフカス言語圏説

マルの父親は、スコットランドから移ってきて、グルジアに茶畑を開いた人である。マルは自分の生まれ故郷、コーカサス（カフカス）は、言語的に黒海、地中海を経てイベリア半島と結ばれていて、印欧語が入ってくる以前、そこにはイベリア・カフカス語を話す巨大な言語圏があったという説の主張者だった。この説は奇矯なものではなく、学問的に根拠があり、多くの主張者がいて、学術的な論文集も現れている。かれの「ヤフェト語」理論の根には、自分の故郷カフカスを人類言語誕生の本拠にして、印欧語中心に作られてきた言語学の体系をくつがえそうという野心があったのだと私は思う。そのような企てが生まれるのは当然であり、私としてはそのような意図をもって始められた研究を支持してやまない気持ちがある。私はたまたま、マルの故郷グルジアで発行された本から次のような一節を読んだ。

かれは一九二〇年九月に妻のA・ジュコーフスカヤと共にバイヨンヌを訪れたときの、バスクの印象を、「まるで故郷にいるようだ」と語ったという（『バスク－コーカサス語彙の対応』Tbilisi, 1987）。

もしかして大野さんも下町育ちを自覚し、ヨーロッパの言語学的伝統と手を切って、タミル語世界に入って手厚いもてなしを受けたこともあって、そのような感慨に浸られたのかもしれないと思う。

明治時代の、上に服部さんが名前をあげた、日本の諸学の先覚者たちも、アルタイ諸語にふれて、「これはまるで日本語の、まるで血を分けたきょうだいじゃないか」という印象をもたれたにちがいないと思う。

†藤岡勝二によるアルタイ語の特徴

私は、本書でもたびたびいろいろな人があげた日本語やアルタイ語の特徴を項目にしてあげてきたので、わずらわしいと思うが、ここでどうしても、やはり省略せずに一九〇八年の講演で藤岡勝二があげた最初の試みで、その後のこの種のものの原型になった、日本語がウラル・アルタイ諸語と共通にもつ一四の特色を示しておかねばならない。ここでは先にあげた柿木重宣君の著書から書き抜くことにする（〔　〕内は田中が補ったもの）。

(1)語頭に子音が連続することを避ける。〔だから日本語にはstr-（例えばストライキ）のように子音が三つも重なって発音されることがない〕
(2)語頭にr音がこない。
(3)母音調和が存在する。
(4)冠詞が存在しない。
(5)文法的カテゴリーにおける性（gender）がない。
(6)動詞の活用変化の仕方。〔屈折がなく一律に膠着法による〕

(7)〔動詞につく〕語尾の接辞が多い。

(8)代名詞の変化。〔日本語はテニヲハの接尾による〕

(9)〔前置詞ではなく〕後置詞の存在。

(10)「モツ」という言葉がなく、(……に～～がある)という異なる用法をとる。

(11)形容詞の比較に奪格〔～より〕を用いる。

(12)疑問詞が〔文の〕あとにくる。

(13)接続詞の使用が少ない。

(14)言葉の順序(「限定詞」+「被限定詞」)及び「目的格」+動詞」の語順

(1)と(2)は、日本語にいちぢるしく目立った特徴であるのに、大野さんはご自身があげた一二項目の中に入れていない。大野さんは、たぶんこれは音声面の特徴だからとして、あえてあげなかったのだろうが、「母音調和」が項目の外で独自に扱われ、異常な熱心さで説かれているのは、ご自身の専門でもあり、当時日本のアルタイ学者の間では最も重視されていたから特別扱いされたのであろう。そしてヨーロッパでは、あとで述べるであろうヴィーデマンのみならず、他の研究者にとっても問題にされていない。かれらにとっての関心は「シンタクス」だったからであろう。

†ヨーロッパの初期のウラル・アルタイ語研究

では、問題は、一番もとになった藤岡勝二の類型論的特徴の指摘は、どのようにして発生したのであろうかという問題である。とりわけ⑽の「モツ」ということばがないという指摘は、大野、服部のいずれにも現れないことである。藤岡さん自身が、ご自身の経験から、このような一四箇条の発見に到達されたことも十分考えられるけれども、それ以前にヨーロッパに何かこのようなモデルがあったことも考えられる。

というのは私の古い読書の記憶の中に、ヨーロッパの言語学者で、このことを感じとって発言した人として、Wiedemannという人の名が残っていたからである。比較的最近の文献としては、バシュコルトスタンのウファーで刊行された、キエクバエフ氏の『ウラル・アルタイ言語学入門』（二〇一六年）に久しぶりにその名を発見したのである。一八三八年の著作である。その論文の名をここに引こう。

Wiedemann. F. I., *Über die früheren Sitze der tschudischen Völker und ihre Sprachver-*

wandtschaft mit den Völkern Mittelhochasiens, 1838

『チュード諸族の古代の居住地と、かれらの中部高地アジア諸族との言語的類縁性について』というものだ。

「チュード諸族」とは、今日のドイツ語の辞書類には出ていないので、ドイツ語学者である高田博行さんに調べてもらったところ、ネストルの年代記（一〇～一一世紀頃）などに現れるフィン系の諸族を指したロシア語の чудь に由来するということだ。そしてヴィーデマンの関心は、服部四郎とは全く逆に、音韻法則などではなく、もっぱらシンタクスの類似性にある。そして、服部さんが一顧だにもしなかった、一〇番目の「have にあたる表現がない」ことを藤岡さんが重視したのは、どうやらこのヴィーデマンにさかのぼるらしい、と私が推定したのは、あとで述べるフォコシ・フックス氏の著作によってである。

藤岡勝二さんの一四の特徴づけは、これらヴィーデマン氏ら、ヨーロッパの初期のウラル・アルタイ語研究の成果を綜合したうえで、藤岡さんが主として音声部門の特徴をつけ加えて発表したものと見ることができる。

†ヴィーデマンの一四項目

ここまで書いてから、村山七郎さんから贈られ、古くから私の手元にあったが、しばらく見ていなかった、村山七郎・大林太良『日本語の起源』（弘文堂、一九七三年）を手にとった。これは大林さんが村山さんに質問して自由にしゃべらせるという形をとっているが、村山さんは多くの資料を盛り込んで、思いのたけを述べた濃厚な内容になっている。そしてその第四章の「日本語比較研究の歩み」では藤岡勝二が「日本の最初のアルタイスト」と紹介されている。

それによると藤岡は一九〇一から一九〇五年にかけて「ヨーロッパ、とくにドイツ（ライプツィヒ）に留学し、一九〇五年に帰国し、東京帝国大学の言語学講座担任の助教授になりました。」とある。そしてドイツ滞在中に、ブレスラウ（今日のポーランドのウロツワフ）で、H・ヴィンクラーに会ったことが述べてある。

ヴィンクラーは、私はその著作を文献目録でたびたび見て、読みたいと思っているけれども、まだ一度も現物を手にしたことのない、まぼろしの人であったが、最近になってやっと出会うことができた。とにかく私は村山さんの話のおかげで一挙に二〇世紀がはじまったばかりの時代に連れもどされた気持ちになったのである。

村山七郎さんといえば、一九六四年に、私をフンボルト財団奨学生としてボン大学に送り込む計画を実現した人である。留学中の一九六五年ごろボーフム大学で日本語の講師をつとめておられた際にボーフムでお目にかかったとき、私の関心は別のところに移ってい て、先生のお気持ちに従ってアルタイ語を従順に学んでいないという負い目があったので、つらい気持ちだったことを思い出す。書きたいことは多いが、ここでは道草しないで、まっすぐに進もう。

重要なことは、私が読んで得意になっていたフォコシ・フックスの一九六二年の著作を参考にしながら、藤岡さんの一四項目のウラル・アルタイ語の類型特徴がヴィーデマンの同じ一四項目とどう対応しているかを村山さんはすでに上記の著書で一覧表にして示されていることだ。

†青年文法学派のくびき

そして、その上で村山さんは念を押して、「藤岡説がまったく類型学的な（typological）観察に終わってい」て「実質的な資料による裏付」（九〇頁）が行われていないと主張している。また一九七四年の『日本語の研究方法』でも、一九〇八年の藤岡の講演は、「すべて類型論にかんすることで、印欧比較言語学者による言語類縁関係証明のやり方とはほとんど関係がありませんでした。」とさらに強調して繰り返している（一五頁）。これは青年文法学の精神が村山さんに乗りうつって、青年文法学派が stoffliche Übereinstimmung を村山さんにこのように日本語で言わせているのだ。そしてこの第四章の題そのものが「類型論の限界」となっていて、類型論は学問の方法としては破棄されるべきことを身を乗り出して訴えている。

これは一九五三年に服部四郎が強調した観点をさらに徹底させたものだ。この二人の言語学者にはまさに、青年文法学派をそのまま受け継いだ、時の勢いのようなものを感じる。この、時の勢いとは、敗戦後の日本の学問のある種の貧しさによるものとしか思われない。そして私の目から見ると「日本語系統論」はここで歩みを止めてしまったのだ。

類型論は、直観的にしろうとにもわかりやすく、納得しやすいといえるところがあるが、わかりやすいことが研究にとって欠点だとは言えない。最近の科学は、どこかよくはわからないキカイ装置を使って、そこを通ってきたものは信頼するが、人間の本来の直感に訴えて、すぐにわかることは、あやしいものだと思うように人々は訓練されている。けれども、ことばの問題はそうであってはならない。ことばは人間を離れてその外にある何かではなく、自ら意識しながら、自らのために、日々使っているものなのだ。

類型論な観点はプラーグ学派などの構造主義となって復活してくる。「構造」は、部分部分の材質性を超えて、あるいはそれを捨象して「構造」を全体として扱うことを重視するたちばである。そのことはソシュールが重ねて強調しているところである。構造にとって重要なのは「実質ではなくて機能である」と。しかし今の目からすれば、このウラル・アルタイ語の類型的特徴の列挙において、たとえば、ヴィーデマン、藤岡などが指摘した各々の類型的項目が相互に関連しあっているという観点が欠けている。いな、あったかもしれないが、そのことが強調されていない。一四項目の特徴は、それぞれが個別にとりあげられるべきものではない。その背後というか、底にある、各項目の相互連関をさぐって、それらの根底に何があるかを見る方法が不可欠である。つまり、これがプラーグ学派のスカリチカ（Vladimir Skalička）などが主張するところの implication rules の発見ということだ。列挙された項目の一つ一つがたがいに他の項目の存在を含意（imply）しているという考え方である。

†日本の学問の根本問題

日本では次々に現れる新学説をわたり歩くというふうになりやすいのであって、その「わたり歩き」には内的発展がない。私の学生時代には、音韻論とともに構造主義が、現代言語学の正道のように説かれた。

しかし次に言語学を学んだ世代は、チョムスキーの生成文法理論がすべてで、そこから言語学がはじまったがごとくに接し、それまでの言語学の歴史を学生たちはほとんど知らない。いな、学生だけでなく先生たちもまた知らないのである。どんなに言語学をやる人が出てきても、おりおりに現れた新商品の輸入と開陳と、その入れ替えに専念しているだけである。

すなわち言語の秘密を解き明かそうという思想的なたたかいの跡が感じられないのである。しかし、日本の若い学徒が熱中しているチョムスキーは、自身で一七世紀の普遍文法やフンボルトにさかのぼりながら、自説を構築してきたのである。とりわけかれの『デカルト流言語学』一九六六年（ここを、デカルト派ではなく流とするよう発案したのは私だが）はかれの言語学の出自を説明した貴重な著作である。

明治の一九一〇年前後に、日本の知識人たちが、どのようにして類型論的な観点に引き寄せられ、ウラル・アルタイ説に接近していったのか、日本における思想史、あるいは学問史の流れの中に置いて、このことを理解しなければならない。そこでは、ヨーロッパとの対比において、日本人の思惟様式と言語表現との関係という、日本の人文学の根本問題が問われていたのであって、一つ一つの単語の来歴を問うことではなかったはずである。それまでに支配していたのは、言語を思考から切り離し、言語をモノとして独立させ、まるで自然現象でもあるかのように、オトの伝播を扱う、それだけが「科学的」だとする見方であった。

このような学問分野が日本の人文科学の中で、必要で不可欠な役割をはたすものとして期待されるはずのものではないのである。この点で、「言語学者は生涯言語学だけをやって満足するべきものではない」というチョムスキーの意見は、日本の言語学全体を皮肉ったものとして私は受け取ったのである。

2 科学をたてにとる音韻法則と日常感覚に近い「言語類型論」

†アルタイ語には「持つ」がない

服部さんが、「音韻法則を無視して言語学以前に逆もどりする」ときめつけた、藤岡さんがあげる類型論の特徴の中には、先にふれたように、その第一〇番目にアルタイ語には「持つ」(habere)という語がなく、「……には……がある」という表現法を用いる。」というのが挙げられている。私がふしぎに思うのは、大野さんも服部さんもなぜここで足を止めて考えようとしなかったかだ。二人とも、自分の言いたいことで気が焦って先を急いだだけだと思われる。

私たちの育った時代は戦争中で、今の人には信じられないかもしれないが、英語は決して学んではならない「敵性言語」だと学校は教えていた。このような激変を見ているから、私たちは政府の言うことを信用しない。自分の保身のために何でも言いかえてしまう教師たちを見てきたから、いつも真実だと言いふらされていることとは対立する学問というものを私たちはやろうとしてきた。逆にアメリカでは、敵の言語を研究することが奨励されたということを敗戦後聞いて、この戦争ははじめから日本の負けだったと思った。いな、一時的に勝ったとしても、この国は必ず負ける。これからもそうだという確信のようなものがある。

日本では多くの外来語（主に英語）が日常のことばからも追放された。たとえば「レコード」である。これは「敵性語」だというので「音盤」に切り替えられた。ところがヒトラーは逆に英語やフランス語の週刊誌をよく読んで、国際的な知識を得ようとつとめていたという（W. J. M. Loohuis, *Das Sprachgenie Adolf Hitler*）。

国民学校五年生で日本が戦争に負けると、ついさきほどまで、やってはいけないはずの英語の授業が急に宣伝されるようになった。数年たつと、アメリカからお金をもらって大喜びでかつての敵国に勉強に行くのが出世の道だと信ずるようになった。いまの日本の大学の教師たちも、たいがいはそのようにして育てられた。そして、学校では

I have two eyes and two ears.

などという文をおぼえさせられ、「ぼくは二つの目と二つの耳を持っています」というふうに訳すよう訓練させられた。このような流儀が民主主義教育の前面に立った。その結果つまり民主主義とは日本語の感覚を無理にすてて、英語感覚に切り替えることだと子どもたちは思ったのだ。

私は最初から日本語とは敵性英語はどこか感覚が違っているぞと感じ、「耳も目も持っ

ているんじゃない。もとからからだにくっついているんだ。おかしいじゃないか」と思いつづけてきた。まず第一に、持ちものなら取りはずして、人にあげたり、貸したりできるはずだ。このことから考えてみると、私はすぐにはアメリカの言うとおりにはなりたくないナショナリストの素質をそなえていたのであろう。そして後年、ロシア語を自分でやってみてからは、ロシア語でも、やはり目や耳を「持つ」のではなく、「私には目も耳もある」というのだと知って、ロシア語の感覚は日本語に近いと思ったものだ。さらにモンゴル語もトルコ語もそうだと知ってからは、ロシア語とトルコ語やモンゴル語は、日本語とある考え方を共有していると思われたのである。

I have a brother and two sisters.

弟だの妹だのだって、持ちたくてそのようになっているのではなく、親にいたってはいよいよそうなのである。

†ことばが意識を変える

それに対して、「カバンを持っています」、「庭つきの家を持っています」というのは、目や耳に比べてより自然で無理がない。

この「持つ」は、そのうち、ホーム・ルームというものが導入されて、子どもたちは「放課後にホーム・ルームを持ちます」とか、年寄りまでが明日「村の会合を持ちます」とか言いはじめるようになった。カバンを持つのはまあまあだが、会合をもつのは大変なことだなあ、民主主義って大変なことだと思ったのである。

しかしことばというものは、日々使っているうちに慣れてしまうから、いつのまにか、話す人の意識をかえてしまう。はじめのうちは、ちょっとおかしな言い方だと思っていても、慣れてくると大昔、ひょっとして万葉集や紫式部の頃から、日本人は「会議を持つ」などと言っていたのだと思ってしまうようになる。私は国語学者でないから、あまり自信をもっては言えないが、きっとそんなことはなかったであろう。

こういう言いかたが決して大昔からではなくて、たかだか何十年か百年かの歴史しかないということに気づくには、「新文化」をなかなかとり入れない「村落共同体」、簡単に言えば、ムラの年寄り社会にくらして、そのことばづかいにふれるか、あるいは古い時代の文献を読んでなければ気づかないであろう。ところが私たちの世代は、このように、ことばが変わる瞬間を見て体験してきたのだ。そうして、このような不自然なことをがまんし、ちょっと変だぞと思いながら、その気持ちを打ち消して、自分を説得して自分自身を不自然に従わせるのが民主化だと思ってきたのである。
つまり、「民主主義」とは、すなおな日常感情を否定して達成できる、どこか嘘っぽいものである。学問もまた、同様に無理をして身につけるものだ、そして時には礼儀として嘘も言うものだという、間違った考え方が生まれる。学問、とりわけことばの学問こそ無理をせず、自然な日常感覚をはたらかせて行うべきものではないか。

†ソシュールの「社会的事実」

こう書いてきてから、はっと我にかえって、次のように自問してみる。お前は、ほんとに中学生のころから、日本語に「持っている」という言い方が不自然だと気がついていたのかねえと。よくよく考えてみると、これは言語学をやってから気がついたあとづけの考えではないかとも思う。

事実はたぶんこうであろう。「不自然、おかしい」という感覚はあったが、それをことばにして意識化するには至っていなかったかもしれないと。たぶん社会的圧力――これがソシュールの言う fait social「社会的事実」なのであろう――のおかげで、こうした原初的な感覚を自分で抑え込んでいたのであろう。そしてその後言語学を学ぶことによって自らが解放されて、押さえつけられていた、子どもの頃の感覚がよみがえってきたのであろう。

これは教育（学）にたずさわっている人たちに考えてもらいたいのだが、教育は、こうした社会的圧力を体系的に子どもたちに与えるのが教育者の役割だと思っているのではないかと。言語学は、原初の（primordial な）心性を解放して、よみがえらせる学問であるかぎり、あくまでも詩人的心性を要求してやまない危険なところのある学問である。

3　固有表現へのこだわりこそが

†社会的圧力を考察してみると

このように、私のように途切れなく、ずっと日本語社会の中に暮らしている者でも、本来の日本語らしい日本を感じるとる感覚が、社会の圧力によって変化してしまうことがある。

感覚を変えてしまう社会の圧力とは、たとえば小学校からの言語教育・国語教育が、本来の日本語を使うのは時代おくれであって、外国語のほうがより論理的な考え方、表現方法に向いているという宣伝を絶えず行うことである。今このような書き方をしたのも、本来の日本語にはなかった言い方をするヨーロッパ語などの感覚を鋭意身につけたことによる新しい表現かもしれない。言語学はそういう新しい表現を観察し記述することにとどまるべきだ――これが記述言語学と言われる学問のみじめなドレイ根性を養う――と説得したとしても、日本語の話をする身にとって、何事も客観的にとどまれるはずはない。大野さんが『日本語の起源』の新版を書こうとした背景には、このような心理がはたらいていたのではなかったのか。

私は韓国からの留学生からの証言で、戦後韓国では、それまで浸透していた「クチペニ(口紅)」という日本語の単語が、リップスティックにとりかわったという話を聞いた。その結果、クチペニは、いなかの、さえない流行おくれのおばさんが使うことばへと転落し、モダンな若い女性たちはリップスティックへと単語をとりかえたと。あるいは、かつて、日本統治下のトラック島では、日本ではとっくに忘れられた、女性の下着ノー「ブラ」のブラジャーを指す名「チチ・バンド」が今日もなお使用されていることなど、もはや私の世代しか覚えていない、かつての日本語の生活語彙が残っているなどを研究論文で知って、このような状況も、社会的圧力を考察することによって説明できると考えたのである。

†フェルン・ゼーアーとソヴィエティズム

日本語の中で特に私の注目を引いているのは、絶え間ない圧力を及ぼした漢語の多用を求める社会的圧力である。今日ではその圧力が行政の長もしくはそれに従う役人たちによって広められていることは、もう一度ここで意識化すべきであろう。「総合的、俯瞰的に」などと平気で乱発して使える政治家——正確には政治屋——は、いったいどんな日本語修練をやってきたのであろうか。

私がたびたび出す例は、ドイツ語で「テレビ」を表現する「フェルン・ゼーアー」(Fernseher）であろう。直訳すれば「遠くを見る道具」であるが、これは、伝統的なドイツ語の言い方を大切にしようという、一七世紀以来のVerdeutschung（フェアドイチュング：ドイツ語化——つまりドイツ語で言い換える）の運動の伝統が残した成果であろう。

それと対照的なのが、ソ連邦の崩壊まで支配し続けてきた「ソヴィエティズム」（ソビエト的表現習慣）を奨励・普及させようとする圧力である。ソヴィエト時代に作られたソビエト・イデオロギーが刻印された単語は翻訳しないでそのままロシア語で表現せよという圧力である。にもかかわらず、フィンランド語とモンゴル語は、「ソヴィエト」という語彙の直輸入に抵抗し、それぞれネウヴォストリーット（neuvostoliitto）、モンゴル語ではズブレルト・ホルボート（zövlölt kholboot）を守りとおした。このような社会的圧力、ときに外国の植民地支配に抵抗する民族的努力は、社会言語学者がもっと注目すべきであると説いているうちにソビエト連邦は解体してしまった。

これらの言語を見ていると、強力なソビエティズムの圧力をはねのけて、自らの言語の特性を維持しようという強い意欲を感じる。我々の日本語も、日本語に本来そなわったウラル・アルタイ的特性を活かしながら新しい状況のもと、新しい表現を獲得して行きたいものだ。

ウラル語にも「持つ」はない

すなおに自らの言語的体験をふりかえってみると、私はモンゴル語を知ることによって、日本語もこどもの頃、つまり戦争に負ける前までは「私には二本の手と二本の足があります」という、より自然な言い方をしていたことに気がついたのである。ゲーテの名文句、「外国語を知らない者は、自分の言語もよく知らない」というのは、こういう時にこそ思い出すべきであって、そのばあいの外国語とは、私たちのばあい、ヨーロッパの上等言語だけではない。

あまり深くは勉強しなかったけれども、トルコ語でもやはり、「私には兄弟がある」「私には五人こどもがいる」ということを知った。

私はアルタイ語だけでなく、「ウラル・アルタイ語族」のウラルの部分をも知らなければならないと考えて、四〇歳すぎてから子連れでフィンランドに留学した。そしてフィンランド語でも、「君はすてきな猫を持っている」などとは言わずに、

シヌラ　オン　キヴァ　キッサ
sinulla　on　kiva　kissa
君には　ある（いる）　美しい　猫が

と言うのだと知った。

ウラル語のもう一つの有力な言語、ハンガリー語でもやはり、

ネケム　ヴァン　エジ　クチャーム
Nekem　van　egy　kutyám
私には　ある　一匹の　犬が

という言い方をする。ここには日本語と共通の単語は一つも使われていないが、考え方（言語類型的に）は日本語と同じである。

感性共同体

このように単語やオトはちがっても、全く同じ方法で考えたことを表現する。――これが類型論がとりあげた問題だが、このほうが、特別な知識がなくてもすぐにわかる内容である。

すぐにわかることはしろうとっぽいかもしれないが、しろうとっぽいことが科学に反することでは決してない。これを言語学では affinité linguistique（アフィニテ・ランギスティク：ことばの親縁性、類縁性）と言ってきた。そしてこのアフィニテは、起源が同じかどうかは問わない。いな、むしろ、起源などという、決して見ることのできない神秘を問うのは科学の仕事ではないとも言えよう。そして日本語のように、「持っている」ではなくて、「だれだれには〜がある」という言い方をする極めて多くの言語があり、ウラル・アルタイ語族のすべてがhaveではなく、「ある」という言い方を共有し、それがおおう地帯は、ユーラシアの半分以上を占める。そのような言語が共有するのは、うつろいやすい単語ではなく、心情――つまりものの感じ方を共有するのであり、それは心の共有、感性共同体へとつながる。そのありさまを、地図に示すと、一八八頁のようになる。

こうした、日本人と同じ表現方法を持つ人たち、ウズベク人、カザフ人、キルギス人、そして中国で苛酷な抑圧を受けているウイグル人など中央アジアの大部分の人たちに共有されているのだと知ってこの人たちとつき合うことが、私たちにとって、何よりも欠かせない教養の一つではないだろうか。

4　ロシア語にも「持っている」はない

†ロシア語はウラル・アルタイの影響を受けてきた

私はいくつかのヨーロッパ語を学んだ。そのすべての言語が、さきに述べたウラル・アルタイ語族とはちがい、「誰に何々がある」ではなく、「持っている」という言い方をするものだと思ってきた。ところが、一つだけ例外がある、と大急ぎでつけ加えなければならない。それはロシア語である。もしかしたら、ロシア語のなかまの言語や方言にもこうした言い方をするものがあるかも知れない。

ウ　メニャー　ハローシャヤ　クニーガ
У　меня　хорошая　книга.
ところに　私の　いい　本が

「本」は所有される目的ではなく、「ある」ことの主語に立っている。ロシア語は文法が複雑で、むつかしい言語だと言われるが、この表現には、「ある」つまり、英語で言うbe動詞すらない。この点から見ると、ロシアは、ウラル・アルタイをとびこえて、さらに簡略化がすすんでいる。

　ロシア語が「を持っている」という言い方をしないわけは、もともとウラル・アルタイ

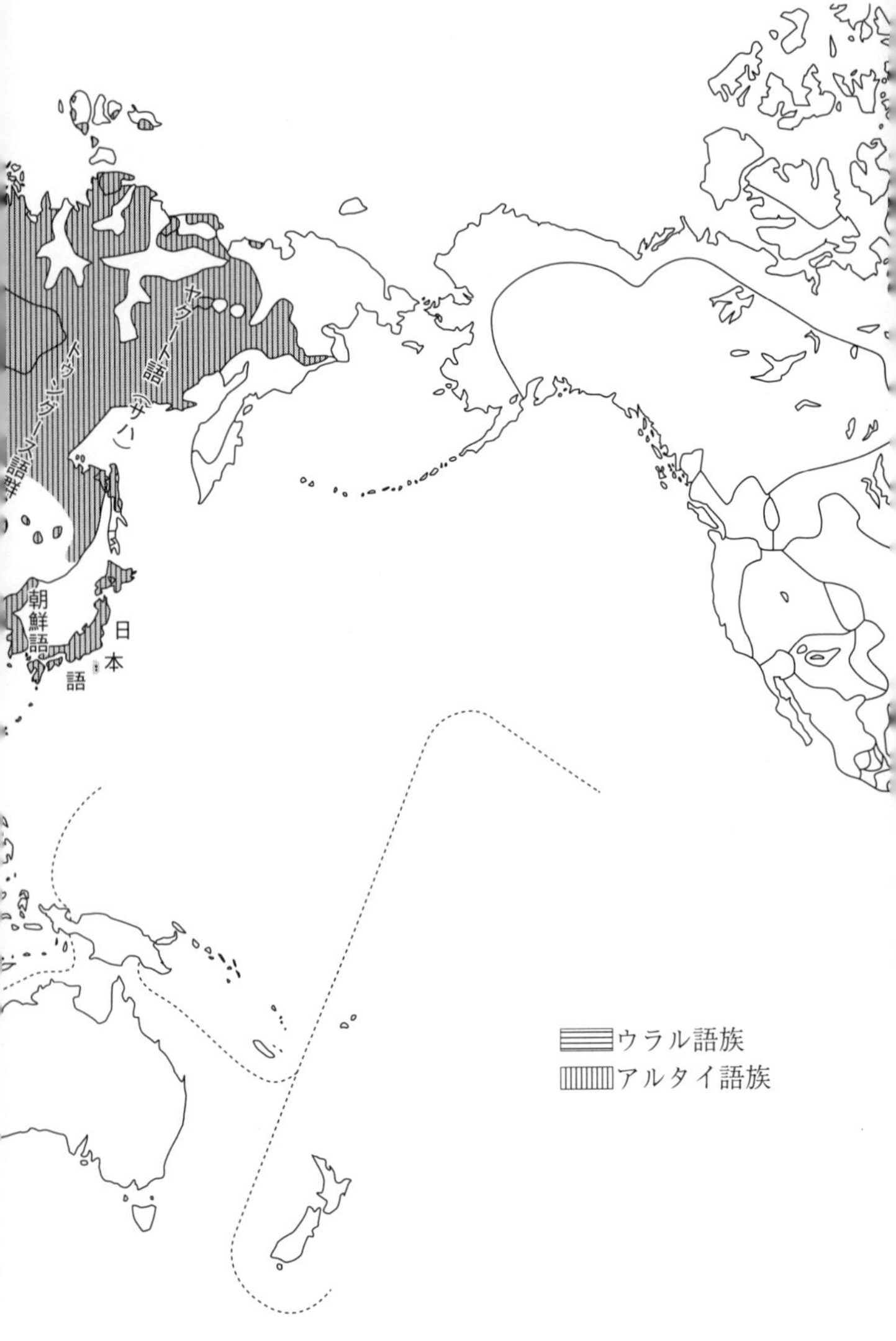

下巻』〈研究社、1955年〉にもとづいて作成）

ウラル・アルタイ語族の分布図（市河三喜、服部四郎編『世界言語概説

語で満たされていた広大な地帯に、ロシア語になるもとの言語が貫入していったため、ウラル・アルタイ諸言語にとりかこまれて、もみくしゃになった結果、「……には〜がある」型に変わってしまったと考えられる。日本にロシア語学者は多数いるけれども、こういう話を国語学者に伝えた人の話は聞いたことがない。

ここから、ロシア語は、単なるヨーロッパ語ではなく、ウラル・アルタイ語と接触して、これらの言語から強い影響をうけてきた、独特のタイプの言語だということを主張するために「ユーラシア的言語」、したがってユーラシア的文化」が生んだ言語だと性格づける言語学者たちが現れた。このロシア語が、このように醜く（ヨーロッパから見て）アジア的に変質したのは、あのいまわしい野蛮な「タタール人のくびき」に踏みにじられ、汚されたせいだと残念がるロシア人がいる一方で、これこそロシア語のロシア語たるゆえんだと主張し、自らをユーラシア主義者だと言う人もいる。このことについては、あらためてあとでとりあげるであろう。

ウラル・アルタイ諸語には、じつに数多くの言語があるが、それらにすべて共通して、「持つ」（habere——一般化して、このラテン語形を使う）という意味の動詞がないということは、印欧語とウラル・アルタイ諸族の間で、「所有」の観念そのものに大きなちがいがあったのではないだろうか。つまり、所有の観念の普遍性に疑問が生じることになる。議論はここでさしとめておくが、一八三八年、つまり天保九年にこういうことに気がついたヴィーデマンというエストニア人は、えらいではないかと思わざるをえない。言語学では、こういう問題を扱うのは「意味論」だが、意味の類型論については、かぎりない関心が払われるべきであり、ウラル・アルタイ研究においても最も期待される分野である。

✝ウラル・アルタイ語どうしだとことばの壁をこえられる

日本語の周辺で、日本語に最も近いタイプの言語を求めるとすれば、それは中国語ではなく、いわんや英語でもなく、まさしく、このウラル・アルタイ語である。中国語がウラル・アルタイ語ではないことを示す何よりの証拠は、「返り点」を打たないと日本人に読めないということである。英語を返り点を打つようにして理解するのは学習のさまたげになると、英語しか知らない英語の先生は言うけれども、それは知識の不足からくるものであって、この「返り点」をつけないと日本人には英語は正しく読めないという発見こそが、ことばの科学への出発点である。

戦後はやった、他言語による説明をしりぞけた、直接法とかミシガン方式とか言う英語教育法は、まさにドレイ的な、科学の介入を禁じたヤバンな方法ということになる。英語という上等言語を身につけるにあたっては、ヤバンなことばの知識による干渉を排除せよという独善主義が背景にある。

だから、このウラル・アルタイ的タイプの言語を母語とする人たちは、いずれもそろって、インド・ヨーロッパ語タイプの言語を学ぶのは苦手である。その一つの例が日本人のばあいである。日本人は、まったく構造の異なる英語を身につけるために四苦八苦であるが、この苦労は日本人だけのものではない。ひろく、すべてのウラル・アルタイ語人に通じた共通のものであろう。

逆に、ウラル・アルタイ語人の間では、ことばの壁は、うんと楽に乗りこえられるのである。日本人はみな、モンゴルからやってくるおすもうさんたちが、楽々と日本語をしゃべっているのを目にし、耳にするだろう。おすもうさんにかぎらず、一般にスポーツをやる人は、そうでない人よりも早く外国語を身につける才能にめぐまれているらしい。外国語をしゃべり、聞くのは、一種の肉体的感性によるところがあり、いずれも肉体運動に近いからである。しかしそれだけではない。やはり、同じ語族、同じような表現法を持っているから、自分の母語の知識の応用がききやすいからだ。

それと同様に、インド・ヨーロッパ語を話す人たちが、ヨーロッパ語を一ダースくらい話すのは、それほどむつかしくはない。その感覚は、同じ類型の言語、いわば方言をあっちこっちへと乗りかえるようなものだ。ところが、ウラル・アルタイ人にとっては、そうは簡単ではない。

5 ハンガリー語における「片目」

†比較言語学は有効か?

私を類型論的路線に引き込んだ、もう一つの忘れられないできごとについて述べよう。

一九五七年に私はモンゴル語学科を卒業すると同時に言語学の徳永康元先生の副手にしていただいた。一般に助手には専任の地位をあてがわれているが、副手は一年間の非常勤で、当時の辞令には一時間三〇円を給するとあった。このことを書いたわけは、その頃、先生から忘れられない先生のお書きになった一篇の抜き刷りをいただいたからである。その論文とは、

「fél szem（片目）考」『国学院大学国語研究』九号、一九五九年である。書き出しは次のようにはじまっている。

「片目」のことを、英語・ドイツ語・フランス語などの印欧語では、『一つの目（単数形：an eye, ein Auge, un oeil）』というが、ハンガリー語ではこれを『半分（片方）の目』（fél szem）と表現する。（fél「半分、片方、片側」、szem「目」）。

私は当時、モンゴル語の現代小説を読むのに熱中していて、気にとまる表現が現れる文章をカードに書きとめていた。どんな言語でも、言語の到達点は文学作品であって、比較言語学者のように、よく知らない言語の辞書だけをもって、石ころを拾うように単語をさがしてくるだけでは、本当の比較にはならない。このような人を指すのに、私はKomparatist（比較学者）ということばにサベツ的感覚をこめて使うことにしている。

たとえばロイ・ミラーさんの『日本語の起源』（筑摩書房、一九八二年）には、日本語の「イシ（石）コロ」の「コロ」はアルタイ語祖語のgörö にさかのぼるとして、そのハルハ・モンゴル形はgürü、カルムィク語形はgür だと説いている（九二～四頁）。しかし私の日本語の感覚で言えば、石コロのコロは独立した単語ではなく、犬コロのように何か卑小なものを指す接尾辞のように思える。

アメリカ人のミラーさんのような、古い知識にとらわれない人が新しい目で日本語を観察して、石コロのコロは石を言うもう一つの単語だという見方も大いに参考にしなければならないが、といって日常的なネイティブスピーカーの感覚も無視してはならない。何よりもこのハルハ形もカルムィク形も私の知識の中にはない単語である。ミラーさんがいろいろな辞書を山のように積んで、その中から形の似た単語を苦労して探し出す苦労は絵に描いたようによくわかるが、それが成果に結びつくことはまれだと思う。コンパラティストということばを聞くたびに連想するのは、こうしたガラクタ箱の中からめったに使わない単語を探し求める不幸な学者のイメージである。

†片目と一つ目

ある時モンゴル語で小説を読んでいて、モンゴル軍の兵士が戦場で負傷して、「片手で(öröösön garaaraa)銃をかかえていたという表現に注目し、それをカードに書きとめておいた。たしかに、英語ならば、with one hand というところだと思った。そして、二つのものが一つになっていて、その半分である、「一つの」ものを表現する単位は英語にはない。そして、「一つの」と「片方の」では次のようにちがうと考えた。

日本には「一つ目小僧」という妖怪がいて、柳田国男にも「一目小僧」（一九一七〈大正六〉年）という論文がある。一つ目と「片目」とはちがう。片目の場合、顔の中心をはずれた左右に目があって、その一方だけ、すなわち片目を指すが、一つ目は、最初から顔の真ん中に、大きな目が一つあるだけだ。片目は「欠けている」ことを示すが、一つ目はもとから一つだから欠けてはいないのである。

徳永先生はハンガリー語がご専門だから、同系のヴォグル、オスチャーク、ジリェーン、ヴォチャーク、チュレミス、ラップ、オスチャーク・サモイェードなどの諸言語を調べて、そのすべてに共通する現象であることをたしかめて、次のように結んでいる。

一対の「両方」が〈単数形〉であらわされるという、文法上の〈数〉に関する構造的特徴が、ウラル諸語の大部分に共通であること、またこれと同じような構造がアルタイ諸語の多くのものにも見られ、更にエスキモー・アレウト語やギリヤーク語などにも類似の現象が見出されていることは、typology の分野での興味ある現象であろう。

童謡の「山田のなかの一本足のかかし」も、一本の竹棒の上に人形が乗せてあって、「片足のかかし」ではない。

†「片手落ち」

ちょうどその頃から、部落解放同盟の差別語糾弾運動がさかんになって、「片手落ち」ということばを使った政治家が槍玉にあがった。手が一つしかない人に対するサベツだと言うのだ。出版界でも、この問題に関心がひろがり、出版社数社が集まって糾弾会のような催しがあって、私も講師の一人として呼び出され、解放同盟の土方鉄さんからひどく批判されることになった。私がその頃「現代語手帖」に発表された古賀忠昭さんの詩「エッタ」が部落解放同盟からひどく糾弾されたとき、「エッタを私はこう読んだ」を書いて(これは『ことばの差別』〈農山漁村文化協会、一九八〇年〉に収めてある)弁護したことが強く記憶されていたかららしいのである。私はあらゆる種類の攻撃にも耐えて、思うところを述べる覚悟でこの集まりにのぞんだ。

このときの私の発言をもっと深めて本を書くようにすすめたのが当時明石書店の社長で

あった石井昭男さんだった。その本の中で　私の「カタ論」は、片手からさらに発展して、「カタすみ」「カタいなか」、田中克彦というやつはどうも「カタよっている」などのカタのほうにも発展していった。このようなことがらは、『差別語からはいる言語学入門』(明石書店、二〇〇一年／ちくま学芸文庫、二〇一二年)にまとめておいた。

その際には、徳永先生の論文は、私の手もとからなくなっていたのであるが、こうしてそれを今、手もとにおいて利用できるのは、当時神田外国語大学教授であられた藤田知子さんという方が、わざわざコピーをとって送ってくださったもので、今それにもとづいて書いているのである。先生の目立たない論文が、こうして思いもかけないところで読まれていることを知ってうれしかった。

†数に関するウラル・アルタイ語の構造的特徴

さて、徳永先生の「片目考」の、さきほどあげた文章の末尾に「文法上の〈数〉に関する構造的特徴がウラル諸語の大部分に共通であること、またこれらと同じような構造的特徴がアルタイ諸語の多くのものにも見られ」というところに注があり、そこにはD. R. Fuchs, *Übereinstimmungen in der Syntax der finnisch-ugrischen und türkischen*

Sprachen, FUF. Bd.XXIV. Helisinki, 1937. が参考文献としてかかげてあった。

そのことあってから、しばらくたって、くわしく言えばその三年後にD. R. Fokos-Fuchs, *Rolle der Syntax in der Frage nach Sprachverwandtschaft*, 1962, Otto Harrassowitz をドイツの出版案内で見つけてすぐに注文した。著者のフォコシ・フックスさんとは、徳永先生が引用している、あの三七年前のフックスさんと同じ人にちがいない。『言語の親縁関係問題におけるシンタクスの役割』と、今度は、いわゆる青年文法学派との対立をはっきりと前面に押し出したような題名にもひかれたのである。

このように類型論的考察は、言語の研究を科学以前にひきもどすどころか、言語の表層の単なる観察から飛び立ち羽ばたいて、より深い、ことばの深層にひそむ類縁性（affinité）の考察の道へと進むのである。

第五章

ツラン主義の誕生

1　マックス・ミュラーの「トゥラン諸語」

†トゥラン語族

「ウラル・アルタイ語」という用語が言語学で定着する以前に、同様な内容を指す用語として、言語学でも「トゥラン語族」という言い方が用いられていた時代があった。それを代表するのがフリードリヒ・マックス・ミュラー（Friedrich Max Müller 1823–1900）である。ドイツ生まれの言語学者で、ベルリン大学で印欧語比較言語学の創始者の一人、フランツ・ボップなどに学んだが、一八四六年にイギリスに渡ってオックスフォード大学の教授となり、印欧語比較言語学のみならず、比較宗教学、比較神話学など、広い領域で数多くの仕事をやった。ついでに言うと、かれは、シューベルトの「冬の旅」の歌詞を書いた詩人ウィルヘルム・ミュラーの息子であることを忘れないで書き添えておこう。

日本からは仏教学者・南条文雄、高楠順次郎などが留学して、この人からサンスクリト語を学び、日本にサンスクリト学を取り入れたので、我が国ではとりわけよく知られている。たぶん日本人の弟子が何名もかれの門下に入っての縁であったろうか、かれの厖大なサンスクリット文献の蒐集は、寄贈されて東京大学の所蔵となったが、その大部分は関東大震災の折に収蔵していた木造倉庫の炎上により灰燼に帰したと聞いている。

†形態論的類似

さて、ミュラーの『言語の科学についての講義』(*Lectures on the Science of Language*, 1861) では、トゥラン諸語は「アーリア語やセム語」のように、同系の語族 (family) というよりは語種 (class) もしくは語群 (group) と言うべきもので、系譜的類似というよりは形態論的類似を共有すると言っている。この指摘は、言語は類型論的な共通性によってグループをなすという私の主張に近い。こうしたトゥラン語群はさらに北方群と南方群に分けられ、北方群は時に「ウラル・アルタイ」もしくは「ウグリア・タタール」とも呼んでいる。南方群に入るのはタミール、ブータン、タイ、マラヨ・ポリネシアなどであると述べている。

これらトゥラン諸語は、アーリアやセムとは異なり、遊牧民であるから、「かつて政治的、社会的文学的核が形成されたことがない」(p.277) と言っている。

マックス・ミュラーの「トゥラン語群」は、屈折語を原理とする印欧語に対立する、あるときは、そこにはいれなかった、膠着原理にもとづく雑多な諸言語をまとめて呼ぶという便宜的な性格が強い。ミュラーは膠着型の言語が発展して屈折型に移ったという考えを表明している。

ミュラーの言語学は、言語学史の中では、言語学をあまりにも通俗化しすぎたとして、悪く言う人もいるが、今回、かれの著作を読みなおしてみて、私には、かれの言おうとしていることをもっと評価してあげたい気持ちがある。

2 トゥランは地理上どこを指すか

†遊牧民の文明空間

では、このトゥランとは、どこから来たことばなのであろうか。それはマックス・ミュラーが、印欧語以外の諸言語を大ざっぱに、広くトゥラン諸語と名づけたように、印欧諸語の話し手の居住地以外の地をまとめて呼んだ名を、ヨーロッパの知識人には漠然と、あるいは想像上の場所として受けとられていたのではなかろうかと思う。印欧語の研究者にとっては、それで十分なのだ。言いかえればトゥランという空間概念を生んだのはアーリア主義である。栄えあるアーリア語、アーリア文明のとどかぬ、その恩恵に浴さぬ不幸で未開な、ミュラーによれば「遊牧民の」文学的核が形成された場所とか、思いも及ばぬ文明空間を呼ぶ名であった。

トゥランの地理的位置については諸説さまざまではあるが、私は一〇世紀ごろにペルシア語で書かれたフィルドゥスィーの「王書」（シャー・ナーメ）に現れる（東洋文庫、黒柳恒男訳一一九頁以下）トゥラーンの地であるというのが妥当ではないかと思う。

それは中央アジアのアラル海の東側で、アムダリア（ジェイフーン川）とシルダリアにはさまれた一帯であり、その上流にはサマルカンド、ブハラのような名だたるイスラムの古都もあるが、かつては文明のペルシアと、未開、野蛮とを分かつ境界であった。

†蔑称としての「トゥラン」

トゥランとはすなわち、文明のとどかない蒙昧の蛮族の地の住む境域を意味した。ペルシア人から見た蒙昧の地とは、すなわち、かれらの文明のことばの通じない土地のことであった。数多くの読者を得たヴァーンベーリの『ペルシア放浪記』でも、「タタール人と一般にトラン人種は、ドタンドタンといった調子の不器用な歩きぶりで、イラン人とははっきり区別される。」（東洋文庫、二一七頁）というふうに記されている。一八六三年頃の記述である。

ヨーロッパでは言語の生存競争に勝ち抜き、偉大なヨーロッパ文明の担い手、印欧諸語の共通起源を立証した、印欧語比較言語学が印欧語と印欧文化の優秀性と、それを担ったアーリア民族をたたえるとともに、その陰の面として、印欧語のすぐれた特徴を欠いた言語、非アーリア諸族に刺激を与えないではおかなかった。印欧語族という言語学上の概念は、汎スラヴ主義という、スラヴ諸族の団結を訴える運動の高まりとともに、それに対応して非印欧諸語を話す諸民族の団結の声が高まる結果生まれたものであろう。

3　ハンガリーに生じたツラン主義

†ツラン協会の設立

「ツラン」というタタールなどテュルク系の諸族をさす蔑称が、強い自己主張をもって現われたのは一九世紀のハンガリーであったと思われる。それはメイエの感慨に現れているように、ヨーロッパ文明にとってじゃまであるだけでなく、それを母語とするマジャール人自身にとっても損なことばであるという、ヨーロッパ知識人の間にひろく行きわたった通念に抵抗する意味が大きかったのであろう。

このような状況下で一九一〇年にハンガリーにツラン協会が設立された。はじめは政治的というよりは文化的性格の強いもので、言語を動機に設立されたものであろう。

一九一四、一九二一年と、ツラン協会のバラートシ（Barátosi Balogh Benedek）が来日し、東京での講演で通訳にあたった今岡十一郎が中心になって一九二二年、東京にもツラン民族同盟が結成された。次には今岡が一九二二年から二九年にかけてハンガリーに滞在して、自らもハンガリー語を学び——今岡は東京外語ドイツ語科の出身であった——、日本文化についてさまざまな講義を行い、すすんで新聞に記事を執筆して、日本文化の普及につとめた。そうして一九二九年には言語学者のプレーレ（Pröhle Vilmos〈Wilhelm〉）が日本にやってくる。

ベンツィングの『アルタイ学、トルコ学入門』（一九五三年）によれば、この人プレーレはカラチャイ語（一九〇九年）、バシキール語（"Keleti Szemle" ケレティ・セムレ東方評論誌4、5、6〈一九〇三年、一九〇四年、一九〇五年〉などテュルク諸語の研究で深い学識を示していたが、一九一六年にはKSz誌に「日本語とウラル諸語及びアルタイ諸語との比較研究」（"Studien zur Vergleichung des Japanischen mit den uralischen und altaischen Sprachen"）を発表し、日本語とウラル・アルタイ諸語との関係に強い関心を示していた。プレーレは日本でいくつかの講演を行って帰国した。

†一九八二年の「日本語の起源」研究会

私は全く知らなかったのであるが、一九八二年八月、第一三回国際言語学者会議が東京で催され、その際のワーキンググループに「日本語の起源」研究会のようなものがあったらしい。これは明らかに一九五七年の大野さんの著書をめぐっての研究会であったと見える。そこで発表された諸報告は馬渕和夫編『日本語の起源』（武蔵野書院、一九八六年）で見ることができる。これにはロイ・ミラー、村山七郎、カール・メンゲス、そして何よりも、日本語とタミル語の比較を行った大野晋さん自身の論文が収められている興味深いものだ。

しかし中でも私が最も注目したいのはハンガリー人のラースロー・サボー（László Szabó）さんの報告だ。サボーはここでウラル・アルタイ語の類型論についてハンガリーにおける研究史を要約し、とりわけプレーレについてはくわしく、かれの著作 *Grundriß einer vergleichenden Syntax der uralaltäischen Sprachen mit besonderer Berücksichtigung der japanischen Sprache*, Budapest, 1943（『特に日本語に考慮した、ウラル・アルタイ諸語比較シンタクス概要』）をあげ、プレーレはこの本の中で、八〇個の日本語、ウラル・アルタイ語との共通起源の要素を指摘しているという。

一九四三年といえば戦争のさなかで、日本は米軍による大空襲を予想して、上野動物園の猛獣たちを毒殺した年である。プレーレさんはアジアの戦況の雲行きを心にかけながらも、ウラル・アルタイ語は戦争の勝敗には関係なく存続していると確信していたから研究を放棄しなかったのであろう。

相撲もツラン文化に由来する

徳永康元先生のハンガリーへの留学期と重なる頃なので、プレーレとはたぶんおつきあいがあったと思われるが、先生のご存命時代、私にはそのような関心はなかったので、プレーレがどんな人だったか、おたずねしたことはなかった。

一九三一年に今岡がハンガリーから帰国すると、一九三八年に日洪文化協会が設立される。これがツラン主義を通じての、日本とハンガリーの文化的交流の発端と経過である。以上は家田修氏(一九八二年)などの発言にもとづいて知り得たことである。今日、大相撲で、ハンガリー大使から友好杯の授与が行われるのは、この頃にできた習慣ではなかろうかと考えたが、しらべてみると戦後、一九八六年以来のことらしい。しかしこれは明らかにツラン主義の生きた遺産のように思われる。日本では忘れられていてもハンガリーでは記憶されているのであろう。相撲もまたツラン文化の重要な項目であると私は考えているからである。

4 テュルク諸族におけるツラン主義

†反ロシアとツラン主義

マジャール族は、オーストリア・ハンガリー二重君主国というかたちで、とにかく国家をもっていた。それに比べてタタール族は、ロシアの中で、すでにカザンという有力な中心地を築いてはいたが、かれらにとって満足できるような政治的地位を得ていなかった。カザンはロシアの単なる地方都市ではない。カザンの町に降りたつと、まずトルストイとレーニンの像が私たちを迎える。レーニンはいつも写真などで見ているハゲでなく、若くて長い髪を風になびかせた学生としてであり、二人ともカザン大学の学生だったのである。

それだけではない。町の中心部には、シャリアピンという名のホテルがあり、その前に立っているのはシャリアピンその人の像である。かれは一八七三年ここで生まれ、世界を歌い歩いて最後はパリで死んだのである。タタールは二種類の強力なアイデンティティーをもっていた。一つはテュルクという言語上のものであり、二つ目はイスラム教という宗教上のものである。この二つが交錯しながら、ツラン主義に統合されて行った。そしてこれが独立をねがう反ロシアという点で、日本への期待となったのである。

†イブラヒムの来日

そのような状況の中で、最初に日本に来て政治的・文化的な共感を訴えたアブデュルレシト・イブラヒム（一八五七～一九四四年）はメディナでアラビア語を身につけ、さらにイスタンブールに滞在し、ロシアに帰ってのち、サンクトペテルブルクでジャマーレッディン・アフガーニーらと出会い、汎イスラム主義であるジャディード主義の影響を受けたという（シナン・レヴェント、五二頁）。

かれは一九〇八年カザンを出発し、シベリア鉄道、次に東満鉄道経由でウラジオストークに着き、そこの日本領事館を訪れ、領事館の協力によって敦賀に着いた。

イブラヒムの来日のかげには、もとペテルブルクの駐在武官であった明石元二郎のはたらきかけがあったと言われる。

イブラヒムは六か月の日本滞在期間中に、伊藤博文、大隈重信、頭山満、内田良平などの政治・文化界の有力者と面談し、タタール人の窮状を訴え、日本の援助を求めた。この時の日本の新聞などは今日のようにタタール人ではなく、「韃靼人《だったん》」と表記して伝えた。

イブラヒムは日本にイスラム教を布教することにとくに熱心で、かれの提言によって東京モスクの建設が計画された。建設予定地は今のように代々木上原ではなく、はじめは赤坂大谷町であった。

5 満洲国を好機として

†日本の軍部との接触

テュルク語圏とくにタタール側からの切迫したツラン主義のはたらきかけが始まったのは一九三〇年代に入ってからだが、それは、一九三二年に成立した満洲国への期待からである。

ロシア革命に反対し、抵抗したために、迫害されたソ連邦のユダヤ人、タタール人は満洲国に逃亡し、あるものは満洲国をソ連邦への反撃のための拠点と考えるグループさえあった。少数民族、あるいは抑圧され排除された少数派にとっては、満洲国は、いわば駆け

大隈邸を訪れたクルバンガリー率いるバシキール人とタタール人（1921年）。前列右より4人目大隈重信、5人目クルバンガリー、6人目タガン。

込み寺の役割をになったのである。そしてかれらは、日本の軍部に積極的に接触してツラン主義を宣伝したのである。

とりわけ、ロシアで、テュルク系ムスリムの独立を強く主張したバシキール族のクルバンガリー（一八八九〜一九七二年）は、バシキール共和国を設けるとの訴えをもって、早くも一九二〇年に日本にやってきて以来、その後タガンとともに、たびたび訪日を繰り返し、大隈重信、後藤新平、頭山満、犬養毅、北一輝、内田良平などの知遇を得た。その様子はシナン・レヴェント氏による著作に転載された、一九二一年大隈邸で撮影された記念写真（シナン・レヴェント、八一頁）から想像することができる。ここに転載した写真には大隈重信と並んでクルバンガリーと、ヒゲの立派なタガンが写っている。

当時の日本の政治家、文化的リーダーたちは、これらツラン運動の指導者たちを助けた以上に、中央アジアと世界情勢について多くのことをかれらから学んだにちがいない。クルバンガリーはその後、一九三三年にやはり満洲国に期待をかけて、ベルリンを出発し、神戸に上陸したアヤズ・イスハキー（一八七八～一九五四年）との間にあつれきを生じ、一九三八年に警視庁から国外退去を命じられるまで熱烈に活動した（松長昭『在日タタール人』二〇〇九年）。かれの大きな功績は代々木上原にモスクを建てたことだった。

テュルク語族のトゥラニズムは今日でもなお継続している。一九三〇年にパリで出版されたラスールザーデの『パントゥラニズムとカフカス問題』は、アゼルバイジャンのバクーで、二〇二〇年に再版され、そこでは「民族主義には侵略的なものと、防衛的なものとがあり、弱者のためのトゥラン主義は、防衛の必要から生れたのだ」と訴えている。マルクシズムでは、民族的対立から生まれる問題は、すべて階級対立の問題に吸収されるとし、民族を論じることを封じた教理に対するぎりぎりの抵抗だったのであろう。

†研究の自由

ところでツラン主義を日本に伝えるために熱心に活躍したタガンとは何者であろうか。シナン・レヴェントのこの著書（学位論文）によると、「タガンはブダペスト大学で経済学博士号を取得し、その後ブダペスト民族学博物館の東洋部長を務めたものの、第二次大戦の戦局により、一九四四年にドイツに亡命し、ハンブルク大学でトルコ語の講師をしながら晩年を過ごした」という。

ハンブルク大学は、ヨーロッパのテュルク学研究のセンターの役割を果たしてきた。その研究家活動を永年にわたり維持してきた、アンネマリー・フォン・ガヴェン（Annemarie von Gabain）先生の努力は永遠に記憶されるべきものである。私もガヴェンおばさん——こう呼びたくなるような親しみを感じさせるところがこの人にはある——から、励ましを受けてきた。このおばさんの語りかけるドイツ語はいつも魅力と愛情にあふれていて力強く響き、くりかえし耳によみがえってくるのである。

ドイツはこのようにして、政治的に寄る辺のない、逃げまわっている政治的亡命者に大学のポストを提供して、研究にあたらせるという美わしい伝統がある。それは大学が、基本的な研究の自由を保障された場だからである。ボン大学のモンゴル学も、徳王の秘書とかをやったあと、アメリカに逃げて、その後東大にいた内モンゴル出身のハルトードさんに、講師の身分を与えて助けたのである。東大では服部四郎がハルトードに言語学研究室講師の名で資格を与えて、かれをかくまっていた。その頃ハルトードが「言語学研究室講師」と刷った名刺を私に見せたことをはっきりとおぼえている。リーズ大学はオーウェン・ラティモアが設けたモンゴル研究センターにウルグンゲ・オノンさんを招いて救うことができた。ダグール人のオノンさんは東洋大学に学んだ方で、晩年に至るまで日本の生活を懐かしんでいた。

†ウラル・アルタイ語族の政治的独立を

ツラン民族運動とは、近代国家の建設に出遅れて、チャンスを失ったウラル・アルタイ語族の政治的独立を獲得するための、文化・政治的行動のことである。

総じて日本の外国研究は、ソ連（ロシア）、中国という大国の支配者の主張にしたがって、その主張を従順になぞり、正当化する手足になっているとしか思われない。これら大国支配に抵抗した少数民族を、ソ連、中国の視点から祖国への裏切り者とする立場に立って教条主義的に研究する路線から離れられないから、かれらの抵抗の歴史の研究をも、また反動的と見る立場から出られないように思う。

ハンガリーに次いで、国家をもたない、あるいは国家を奪われた中央・内陸アジアの諸言語、諸民族の代表者たちが、日本に助けを求めてやってきた。少数民族と言うが、その数は決して少なくない。ヨーロッパではエストニア（約一三〇万人）、フィンランド（約五〇〇万人）のように、わずかな人口で独立国家ができる。しかしアジアでは数百万人近いとされるモンゴル民族が、中国とロシアに分断されている。独立モンゴル国はスターリンのとりあえずの傑作であった。これがヨーロッパ史とアジア史とを分かつ大きなちがいであろう。

†中国におけるモンゴル語ジェノサイド

アジア諸国の中で最も人口が多く、国際的にも有力な中国では、二〇二〇年九月に、中国政府は、小学校・中学校でモンゴル語の授業を廃止し、中国語に切り替えるとの決定をくだした。内モンゴルで行っている中国中央の政策を「ジェノサイド」と呼ぶ人がいる（楊海英——日本に帰化して大野旭となった）。この場合のジェノサイドは、モンゴル人を生物として根絶やしにしているわけではないが、民族の言語を奪われた人間は、民族としては抹殺されたことになることを日本の研究者はほとんど感じたことがないらしいのである。

6 民族は国家をこえる

†複数の国家間に分断された民族と言語

民族はある国の中にまるごと含まれてその国の少数民族となることもあるが、複数の国家間に分断されて国境をこえた少数民族となることもある。スペインとフランスに分断されたバスク人、またイラン、イラク、トルコ、シリア、アルメニア、アゼルバイジャンの六か国に分断されたクルド人などがその例である。一九八〇年代のドイツでは、たびたびクルド人のデモに出会った。

モンゴル民族もこのような分断された民族の代表的な例であって、かれらは、中国、ロシア、それに自らの名を帯びた固有の民族国家へと、三つに分断されている。多くのばあい、それらの分断された民族・国家は、かれらに共通の一つの言語をもつことが許されない。ロシアは分断して自国領に入れた民族を、かつてはブリヤート＝モンゴルと呼んでいたが、一九五八年には、モンゴルを名乗ることを禁止し、単にブリヤート民族と呼ぶよう、モスクワの当局が決めた（『モンゴル――民族と自由』一九八頁以下）。言語も、一九三〇年代にブリヤートの言語学者が、独立モンゴル国のモンゴル語と共通の方言を標準語とすることに決定したが、ソ連の当局はその計画を作った文部大臣を捕らえて銃殺した。一九三八年のことである。

内モンゴルのモンゴル語は古典的な伝統的モンゴル文字で表記されていたが、二〇二〇年九月に、それを学校教育では教えることを禁止した。

†言語を消滅させる政策

このようにして国家は分断された民族の共通言語を設けることを許さず、ついには言語を消滅させる方策をとる。今日こうした小さな言語を分断して消滅させる方策を現実に目の当たりにすることができる。

これに抵抗する方法としては、国境をこえた同族共通語を作る必要がある。テュルク諸語は、中央アジアの巨大な領域に分布していて、数多くの国家、あるいは行政区間に分断されている。これら分断された諸族間に「共通トルコ語」を設けて、この言語で出版をしようという企てが現れた。その運動を先導したのはクリミア・タタール人のイスマイル・

ガスプラル（İsmail Gaspralı 1851-1914、シナン・レヴェント、八七頁）である。ただでさえ困難なこのような運動をソビエト当局が許しておくはずはなかったのである。ソ連ではこのように国境を越えた、言語の統一運動を「汎ー」をつけてパンモンゴリズム、パンテュルキズムなどと呼び、政治的大罪として人々に印象づける。これらの用語は、口にするだに恐怖の感情を呼び起すほどになっているから、私もロシア、モンゴルなどでは、よほど必要なとき以外には口にしないようにしている。

一九三〇年代のソビエト連邦では、テュルク諸語のローマ字化が最も進んだ時代であったが、やがて禁じられた。このローマ字運動の原動力となったのは、一九二〇年代から没年まで、言語学者のマルが、エスペラントを支持したからであった。エスペラントは国際プロレタリア運動の用語とされ、その文字、ラテン（ローマ）文字も同様の地位を得ていたのである。

しかし、ソ連邦に崩壊のきざしが見えた一九九〇年代に入ると、ローマ字化は再び息を吹きかえした。二〇〇〇年の六月にタタールスタンに行ったとき、大統領の補佐官は、私に向かって「田中さん、次にタタールスタンに来られたら、もうキリル文字は姿を消しています。ラテン文字だけになって、トルコ語とも近づくのです」と自信をもって語ったの

モンゴル人民共和国革命軍事評議会のポスター。ローマ字表記のモンゴル語は、「モンゴル人民共和国革命軍事評議会」（上）、〔共和国暦〕10（1931）年（下）。ここに見られる6人の指導者たちは、1939年のノモンハン戦争前後にすべてソ連当局に処刑された。

だ。ところが二〇〇二年、プーチンは法令でもって「ロシア連邦の諸民族の言語はキリル文字を基礎にしなければならない」と命じたのである（V・イワノフ『プーチン式連邦主義』二〇〇八年、p.117）。

†摘み取られたモンゴル語のローマ字化

二年ほど前、ロンドンに滞在中だった早稲田大学20世紀メディア研究所所長をやっている土屋礼子さんは、ロシア革命一〇〇周年を機に大英博物館で行われた、革命後のポスターの展示会で展示されたソビエト圏で作られたポスターのカタログ（テート美術館刊）から一枚のコピーを送ってきた。そこには、一九三一年にモンゴルで印刷された「モンゴル人民共和国革命軍事評議会」と、ローマ字正書法で書かれた、首相のゲンデン以下、デミド将軍など六人の写真が見られる（二二三頁）。かれらはノモンハン戦争（一九三九年）の過程ですべてコミンテルン当局の手で毒殺あるいは処刑されたのであるが、このローマ字モンゴル語も一〇年もたたずに廃止されたのである。

本書執筆中、大阪の国立民族学博物館が、モンゴルのポスター集を送ってきた。これはモンゴルの専門家からの提供を受けて編まれたもので、そこに、ラテン字（ローマ字）化

モンゴル語ローマ字化運動のようすを伝える写真

時代のポスターが二枚入っているが、ここにはロンドンで展示されたポスターは含まれていない。

土屋さんは私のゼミナールで学んだ人で、モンゴル学とは全く異なる研究をやられたにもかかわらず、私の授業中、私の口から出た片言隻句をよくおぼえていて、このポスターのコピーを送ってこられたことに、私は強く心を打たれたのである。

またもう一枚の写真は、ポスターと同じ頃のローマ字運動のありさまをうつした写真である。これを私は最初に見たのはモンゴルの切手（同じく一九三一年発行）で、その写真は『言語の思想』に掲げておいた。後に東京外国語大学名誉教授の岡田和行氏が、切手の原画になった写真ではないかと、かれのコレクションから送ってくれたものである。

ソビエト支配から解放されたモンゴルにも、ラテン化への復帰の動きが現れるのを私はひそかに期待していたのだが、そうはならなかった。内モンゴル人の学校教育科目からもモンゴル語が一足飛びに消えてしまったことは、まさにジェノサイドとしか言いようがない。二〇年ほど前、内モンゴルであった学界に参加したとき、託児所とか幼稚園で中国語(シナ語)をはなす職員しか採用しないと聞いてびっくりしたことを思い出す。赤ん坊のときから母語ではなくシナ語を注入する作業をするんだ、この国はと感心したものだ。

†弱者の連帯

「ウラル・アルタイ」語族も「ツラン」民族も、決して誇るべく晴れ晴れと響くことばではない。ウラル・アルタイは、すぐれた文明の担い手であり、諸言語との生存競争に勝ち抜いた「印欧語族」の陰画であり、ツランはアーリア、先進農耕民の文明圏が敵対する、暗黒な愚鈍牧畜民を呼んだ名である。それにもかかわらず、ウラル・アルタイ語研究にたずさわる研究者は、これらの言語の特徴を解明することに生涯をかけた情熱にかられた人たちであり、ツラン運動とは、劣等ツラン諸族の、いわば弱者の連帯を高らかにかかげた運動である。

7 トルベツコーイ――ユーラシア主義への発展

†「タタールのくびき」

こうした流れの中で生まれたのがロシアのユーラシア主義である。ロシアでは、ナポレオンにモスクワを侵攻されて、ひどく破壊されたのはロシアのアジア的後進性であり、それから脱して、西欧化を進めなければならないという機運が高まった。そのような主張をする一派に対して、いな、ロシアは西欧とは異なるアイデンティティーをもって、西欧とは異なる固有の道を進むべきだとする一派とに分かれた。前者が西欧派と呼ばれるのに対し、後者はスラヴ派と呼ばれる。この対立が、近代ロシアの思想と歴史を彩る基本軸となった。

西欧派は、ロシアの後進性は、ロシアがモンゴル、トルコ系の蛮族により、長い間にわたって支配され、その影響により西欧の進歩から取り残されたのだと主張した。このような見かたはロシアの知識人だけのものではなく、もとから西欧にあった紋切り型の既成概念のなぞりでもあっただろう。

二〇世紀に入って、ロシア革命を経た一九二八年にも、フランスの言語学者アントワーヌ・メイエはこの紋切り型の固定観念をとりわけ言語の問題として強化し、繰り返しているさまは次のようである。

ヨーロッパ東部は、アジアからの侵攻の通路の役割を果たした。侵攻した野蛮な民族のおおかたは印欧語族に属するものではなかった。これらの侵攻は、特にスラヴ諸民族の分裂を促し、そのために彼らは安定した組織を作り、文明化を徹底することができなかった。こうしてフィン＝ウゴル語民族や、トルコ語民族、モンゴル語民族がそれ以降の発展を中断したり停止するようになったのである（西山教行訳『ヨーロッパの言語』三二一頁）。

そして、ロシアではロシアの発展をはばんだ、これら「アジアからの野蛮な」諸民族をひとまとめにして「タタール」と呼び、これら「蛮族の支配下」にあった時代のことを

「タタールのくびき」時代と呼んだのである。私は諸民族の解放と、その結果として実現したソビエト同盟（ソユーズ）時代の教科書にも、このことばがそのまま使われていることに唖然としたものである。特筆しなければならないのは、日本人もタタールの中に入っているのである。ロシアでは、大陸と樺太島の間の海峡、日本で言う間宮海峡のことをタタール海峡と呼んでいるように。そして、このばあいの「タタール」とは言語学で言う「ウラル・アルタイ」語を話す人たちのことであり、また別のことばで言えば「ツラン諸族」のことである。

ところが興味深いことに、この「ツラン」の名が、最もいきいきとして現れるのが今日のロシアである。一九九九年にモスクワで刊行されたИ.В.Вайнберг, *Этнография Турана в древность*（『古代におけるトゥランの民族誌』）は大変よくできた本である。

†印欧語は完成した言語ではない

ウラル・アルタイ語を話す民族がなぜ未開でヤバンなのかは、印欧語比較言語学成立以後、営々と積み上げられてきたその学問的、とりわけ言語学の成果によるところが多い。それはほかでもない、この語派、ないしは語族に属する言語は、「膠着語」という、「語彙的要素」と文法機能を表す要素とを統合するに至らず分離したままの、単に「モザイク的に寄せ集められた」、「雑然とした道具の集積」でしかない文法の未発達な段階にとどまった憐れむべき言語であり、印欧語のように、それらが「有機的に統合されていない」、すなわち進歩におくれた、劣った言語を語りつづけていることに理由があったようだ。

ところが、こうした一九世紀にできあがった「標準的知識」には、二〇世紀に入ってから、オットー・イェスペルセンが疑問を呈したし、いくつもの有力な批判が現れた。

しかしこの印欧語を、完成した言語の理想型とする考えに決定的に批判を加えたのは、さきに述べたトルベツコーイだった。かれは逆に「印欧語が膠着的アルタイ語の技術的完璧性に到るのに程遠い」（一三二頁参照）とさえ述べた。それどころか、ロシアに災悪をもたらしたのは、じつは「タタールのくびき」ではなく「ロマン・ゲルマン文化のくびき」であると説いたのである。そしてそれがロシアに最も深刻な形で現れたのがロシア革命とソビエト連邦だと説いたのである。かれは、ソビエト連邦は特定の階級（プロレタリアート）ではなく、諸民族の連合からなる統治によるべきだと訴えていた。ロシアにおける諸民族の連合――単なる一民族を超えた、多民族の連合からなる民族――これをかれはスーパーエトノスと呼んだ。この主張を述べたのが『全ユーラシア的民族主義』

（*Общеевразийский национализм*, 1927）であった。

†語族という概念の解体

この「ユーラシア」という、単に地理的ではない文化の理念が生まれるためには、起源のみを考える言語学の「語族」という生物主義的概念を解体しなければならない。「語族」というダーウィンの進化論に触発されて発生した、アウグスト・シュライヒャーの生物学的系統図と手を切って、「社会」という環境にもどさなければならない。そのことと深く関連しているのが「祖語」（日本では共通基語と言い換えられた）という「架空の」概念である。

日本のアルタイ学では、「アルタイ語共通基語」と「音韻法則」の発見と確立のために多大な努力が投じられて来たが、それはみな、印欧語比較言語学をまねて、その原則に沿って作られたむなしい架空の想像物である。

「祖語」とは、今はさまざまな形で存在しているいくつもの言語が、そこから分かれ出たとする共通の祖先にさかのぼり、その祖形はこうであったとする仮定にもとづいて作られた（印欧語比較言語学ではこれを「再建 reconstruct」という）形である。そして、この研究は、仮定された形が、現在どのような形になったかの過程を調べる。仮定された祖型と、現在ある形をつなぐ、つじつま合わせのような研究に終始しているような観がある。

†「祖語」から「言語連合」へ

トルベツコーイは、「誰も一度も見たことのない祖語」を想像することはやめようと言っている。祖語には、またそもそもその「祖語」を形成した祖先語には、やはり祖語と同様の道程があったはずだから、祖語は決定的なものではなく、歴史のある段階で想像できるものにすぎないと述べた。

そこで、発生的な架空の起源を求めるよりは、たがいに起源を異にしながらも共通の特徴を得るに至った言語連合（Sprachbund）あるいは言語同盟に関心を移したのである。「言語連合」という概念は一九三九年の Acta Linguistica 誌に掲載された「インドゲルマン人問題」によって、ひろく学界に知れわたるようになった。本書では、それに三年さかのぼる一九三六年一二月一四日、プラハ言語学集団で読み上げられたというマルンベリイの『言語学名篇集』に収められた原稿にもとづいて述べておいた。

このプラハ講演原稿にはしかし、Sprachbund の名はまだ登場しない。私はその後、トルベツコーイの論文「バベルの塔と言語のまじりあい」（『ユーラシア年報』第3巻、ベルリン、一九二三年）を読んでいて、そこに同様の概念が языковой союз というロシア語の形で発表されていたのに出会ったのである。つまり Sprachbund 言語同盟の構想はすでに一九二三年に、かれのもとにあったことを知ったのである。

†真の言語の「起源」

アルタイ諸語は、たとえばツラン低地（ソビエト時代の地図にも、この地名 Туранская низменность として書き込まれている）からアルタイ山地にかけてのひろい地域で遊牧民の諸言語が接触しあって、共通の類型的特徴をもつアルタイ諸語として形成されたのかもしれず、またそれがウラル諸語と長期のコンタクトをもったかもしれない。このようにして形成された諸言語を印欧比較言語学で行われたように、単一の祖語から分化したと考え、stoffiche Übereinstimmung（語彙や文法的道具などの実質的な一致）を求めようとするのは誤った想像であって、やめたほうがいいかもしれない。

このような考えは、現代ではレフ・グミリョフが継承しているが、そこから得られた成果は印欧語比較言語学のためにも参考になるかもしれない考え方である。トルベツコーイの思想は「語族」を解体し、出自の異なる諸言語が相互に影響しあって共通の特徴を形成し、「言語の同盟」を作るという構想に到達したのである。想像上の純正・純粋な言語ではなく、相互接触によって新たな言語が生れて進歩する――それがかれにとっての言語の「起源」であった。トルベツコーイがこのような構想に至るにはもちろんフィン・ウグリア諸語からカフカス諸語に到る豊富な言語体験があったからである。

8　シャルル・バイイとトルベツコーイ

†『一般言語学とフランス言語学』

私の愛読した言語学の書に、シャルル・バイイの『一般言語学とフランス言語学』がある。邦訳は小林英夫による、一九六五年の第四版からである。初版は一九三二年にさかのぼる。私はフランス語の原本は図書館の所蔵本の世話になることにして、当時は安く買えたロシア語訳、一九五〇年第三版からのヴェンツェリ Венцель 訳を買ってすませた（当時ソ連は文化政策として、日本には欧米に対するより安い値段で本を輸出していたからである）。

『一般言語学とフランス言語学』の著者、シャルル・バイイ

このロシア語訳は大変すぐれていたので、ソ連のロマンス語学への私の信頼はいっそう深まったのである。

バイイは、この本を書く動機になったのは、ジュネーヴという環境で、ドイツ語を母語とする学生がフランス語で論文を書くときに出会う困難について学生からの相談にのったのがきっかけであったと述べている。

この問題をバイイは文体論の概念と方法を用いて取り扱おうとしていたのだが、これをひろくとらえると印欧語（屈折語）の表現法と、ウラル・アルタイ語（膠着語）の表現方法との間の差の大きさを解明するにも役立つだろうと思う。バイイがこの本の中でとりあげているドイツ語とフランス語は共に印欧語であり、しかも隣接して相互接触しながらも、これほど性格の異なるコントラストを成していることをはっきりと示した、その手腕はみごとである。

†「比較民族文体論」

ところでトルベツコーイが『インド・ゲルマン人問題』で言及した、バイイのエスペラントへの感想は、この本の二二三節（邦訳書、一五九〜一六〇頁）の記述にもとづいている。

そこでは agglutination が「線条性の理想」を実現したものとして肯定的にとりあげられる。この小林英夫の邦訳では「膠着」ではなく「接着」と訳されている。いわく、

そうした特有語（ハンガリー語、フィンランド語、トルコ語など）において「あい接着する」記号は可動的であり、形態といわず価値［意味］といわず、たがいにはっきり区別される。これはまさしく文法的である、それはひとが接着語はいちじるしく線条性の理想に近づいているといったほどである。

として、ここに注がついていて、次のように述べられる。

語のつくり方から見て、エスペラントはしばしば「接着」語の印象をあたえる、つまり自由で充実した意義をもつ下位単位から成る。

トルベツコーイはバイイのこの一節を読んで、一九三六年の発表にバイイのこの意見を書き添えたにちがいない。トルベツコーイはもともと国際語には関心をもって「人工国際

補助語の音体系はいかに作るべきか」（一九三九年）などの意見表明をしていたが、もしトルベツコーイがもっと長く生きていれば、トルベツコーイとバイイの間で、諸言語の類型的な把握の方法について興味深い進展がみられたかもしれないと想像されるのである。

そしてこの二人の巨匠の協働はかならずや「比較民族文体論」とでも呼ぶべき新しい領域の開拓に向かったのではないかと期待の夢はひろがって行くのである。すでにこの世に居ないこの二人に、私はあえて「期待する」と言いたい。その期待の夢を実現するのは、もちろん、現代に生きている私たちである。私たちは二百年、三百年前の著作を読んで胸をうたれ、夢をふくらませる。このようにしてことばの思索は絶え間なく新しい生命を得て生まれかわって行くのである。

モンゴルの言語と文化を世界の中により普遍的に位置づけようとするならば、必然的にウラル・アルタイ世界を参照しなければならない。

しかしぼくの眼前にあるモンゴルは、ソ連と中国の間にずたずたに引き裂かれた、悲惨な状態のままである。二〇一八年に日本で開かれた国際モンゴル学会は、全体のテーマを、「二〇世紀モンゴル世界の回顧」として、ぼくに発言を求めた。そこでぼくは、ただ一つ主張したかったこと、「二〇世紀はモンゴル人にとって失敗と絶望の世紀」であったと述べた。一九二一年の外モンゴルの独立運動は内外両モンゴルの統合が果たせず、また一九四五年の日本の敗退でチャンスがあったにも関わらず、民族統合はかなわなかった……と述べた。そしてモンゴル世界から最もすぐれた人たちが、数万も命を奪われた。

この短い発表——態度表明は、ぼくのモンゴル研究者としての生涯を一枚の紙に記して実行委員会に渡したものだが印刷されなかった。実行委員は、ひたすら自分たちの業績をくりひろげる以外に関心がなかったのだ。モンゴルの状況を知ろうと挑戦しているうちに人生は消費されてしまい、ウラル・アルタイ説への関心はよどんだままであった。

しかし、書架の一角には、この六〇年間ほどの間に、折り折りに集めた、ロシア語とドイツ語の書物が一群をなしていた。それを眺めているうちに、せっかくのこの本たちに、とりあえず一と通り目を通しておこうと考えたのである。ぼくとしては、本気でとり組めば半年もかからないだろうとたかをくくったのであるが、そうはいかなかった。関心のあるところだけを拾い読みくらいにとどめ、ぼくがどのようにしてこの道に入ったかを回顧的に述べるところからはじめることにしたのである。

本書では大野晋、服部四郎さんについては、きびしい書き方をしたかもしれないが、すでに亡くなられたこの人たちに、どんなに深い親しみを抱いているかはおわかりいただけると思う。思いが深ければことばはきびしくなるのである。

大野晋さんは誰よりもなつかしく感じられる人である。大野さんとの出会いは本書のなかでも述べてあるが、忘れられないのは次のようなことである。ぼくの一橋大学における師、亀井孝が亡くなってしばらくしてから突然電話がかかってきた。「おい田中くん。亀井はもう死んだんだよ。これからはキミはもっとぼくのことをほめて書いてもいいんじゃないか」と。

亀井孝、大野晋、金田一春彦はいずれも東京大学国語学科の仲間で、それぞれの間にはさまざまな面での競争があったはずだ。ぼくは世間でよく話題になり、名著も出される大野さんには、わざとあてこすったような文章をよく書いた。それでも大野さんはきっとぼくの気持をわかってくれるだろうと思ったからだ。大野さんは、ぼくの書きかたが亀井孝への気くばりからだろうと考えていたらしい。しかしそうばかりではなかった。とにかく大野さんは、思ったことをずばり率直に言う人だった。ここに引いた電話はその一例である。

次に服部四郎である。この方の専門はモンゴル語だから、いやでもかかわりができてくる。学生時代に、あまりよくは知らないこの人に、カストレンのブリヤート語についての本を見せていただけないかと頼んだところ、マイクロフィルムをとっていただいた。その親切は意外なほどだったが、ほんとに親しく話をしたのは、一九七六年の第三回モンゴル学者会議で、ウランバートルでだった。その時は、氏が満洲国に留学時代、ハイラルで知りあい、結婚されたという、亡命タタール人の娘であった奥さんと御一緒だった。服部さんは、「近頃女房は足が悪くてね、毎晩私はこの人の足をもんでいるんですよ」と話された。

その奥さんは、滞在中のある日、参加者一同草原を散歩していたとき、突然、「田中さん、ちょっと私の前に、ここに来なさい」と声をかけられた。私はおとなしくそれに従った。すると、この方は、「田中さん、あなたは間違っています。世の中は何でも自分の思うようになると考えているでしょう。それは間違いです。私にも、あなたと同じ年の男の子がいるのでよくわかります。」というお話だった。この人はひそかにぼくの言動を観察していたのだ。しかしぼくのどこに「世の中は自分の思い通りに」が現れているのかわからないし、そもそも服部さんにそのような息子さんがいるのか、ぼくは全く知らなかったし、知ろうとも思わない。

けれども奥さんのタタール人の親せきには多くの同族がロシアからイスタンブールに逃げて来て、先生はその生活のめんどうを見ておられるのだという話を聞いた。そして服部さんにも、いろいろな苦労があるんだと知ったのである。

それよりも、ぜひここに書いておかねばならないのは先生の蔵書や印刷物についてである。これらは島根県立大学に寄贈されたということである。同大学に留学したタタール人ラリッサ・ウスマーノヴァさんが、これらの資料を調べたところ、満洲国に亡命したタタール人たちが一九三五年から日本の敗戦の一九四五年にかけて、十年間出しつづけたタタール語の新聞「ミッリー・バイラク」（民族の旗）が四〇〇号ほとんど全部所蔵されているということである。ウスマーノヴァさんは、この新聞を読んで博士論文を書かれた。外務省の官僚としてソ連・中国に永く勤務され、クロアチア大使も務められたという井出敬二さんが翻訳にあたっておられるそうだが、早く本になって読みたいものである。井出さんは定年退職とともに官僚をやめてひたすら学徒になられたのだ。

それはともかく、このタタール語新聞を全紙、読んで大切に保管していたのは、服部先生だったのか、それとも、ぼくにきびしい注意をされた夫人のマギレさんだったのだろうか。ぼくにはどうも、あのマギレさんだったような気がしてならないのである。

本書に登場するこの人たちのことを、自分の学問的な好みから、批判的に書いたとしても、決して悪意をもって書いたのではない。ぼくには心服し、尊敬している人を、そのままほめちぎったりあがめたりしたくはないという、ちょっとゆがんだ気持ちがある。

さて、最後に気になる人は、G・フォン・デア・ガーベレンツのことである。この人の『言語学』その第二版（一九〇一年）にコセリウが「ガーベレンツと共時言語学」（これははじめ、一九六五年のWORDの分厚い特別号23に発表されたもので、亀井先生から、この一冊をまるまるいただいたのである。この翻訳をするようにと諏訪功がすすめてくれたのにぼくはなぜか断った。結局諏訪氏が訳し、今日『コセリウ言語学選集4　ことばと人間』〈三修社、一九八八年〉に収めてある）で述べているように、ガーベレンツはソシュールにさきがけて共時言語学のアイディアを明らかにしているのみならず、アジアの多数の言語の知識をもって言語の比較研究にのぞんだ人でもある。

とりわけ特記しておかねばならないのは、漢語文法を述べた、光緒七（一八八一）年刊の甲柏連孜《ガーベレンツ》著の『漢文經緯』（Georg von der Gabelentz, *Chinesische Grammatik*）である。今ぼくは、ここでは一九五三年にライプツィヒで刊行された新版にもとづいて述べている。五五〇頁に及ぶこの大著で、漢文の単なる文法ではなく、ヨーロッパ語の及ばぬ部分にまで探索を深めたこの人の仕事のあとをたどってみなければならない。

氏がライプツィヒで教授をしていた頃、井上哲次郎がガーベレンツを訪ねたとの記録が私の手元にある（井上哲次郎『懐舊録』春秋社松柏館、一九四三年）。誰かが、問題の個所をコピーしてぼくに送ってくれたものと見える。

その三〇六頁に言う「氏（ガーベレンツ）はその後ベルリン大学の支那学のプロフェッ

ソルとなって亡くなったのである。氏は立派な人格者であったが、家庭的には随分不幸なことがあったやうに聞いて居る」。

人格者として慕われる人の生涯は、しばしば不幸な感じを伴うことが少なくないものだが、いったいガーベレンツにどのような不幸があったのだろうか。ぼくは一九八〇年頃だったと思うが、一橋大学で同僚だった安丸良夫を伴ってライプツィヒを訪ねた。そこで、トルコ学者のエリカ・タウベさんと会うためであった。同伴されに夫君のマンフレッド・タウベさんが、わざわざぼくのために氏の執筆された『ガーベレンツの想い出』というような題の、たぶんライプツィヒ大学の紀要にのった一篇の抜き刷りを持ち来り、ぼくに贈られた。いまは行方しらずになっている。

ぼくは、いただいた日にすぐに読んだが、そこには、ガーベレンツ先生は、あとからあとから子供が生れてきたため、家主に家を追い出されて、たびたび引越しをせざるを得なかったというようなことが書いてあったと記憶している。いったい、大学教授の地位が高かったドイツでガーベレンツは住む家にも苦労したのだろうか、不思議に思ったことをおぼえている。

その子供たちを育てながら驚くほど多数の東洋語を研究したのみならず、そのすべてが、言語理論の基本問題にかかわるような仕方で行われたガーベレンツへの尊敬の念はふかまるばかりである。

ぼくのこの本は、ウラル・アルタイ研究から長い間離れていたことのもうしわけであり、ふたたびその入口にたちもどった今の感慨と心情から書いたものである。

ふり返ってみると、若い頃のぼくは青年文法学派的心情にあふれていた。ところが一橋大学で出会った亀井孝は、いちはやくぼくのこのような性向に気付き、二人で読むべく選んだ論文はことごとくぼくの信条と好みを逆なでするような類のものであった。シャルル・バイイはその一つである。あとで聞くところによれば、「角《つの》を矯《た》めて牛を殺す」結果を導くことにならぬかと恐れられたそうである。

今おごそかに先生に申しあげよう。牛はかなりやられて苦しんだが死んではいませんよと。

二〇二一年三月一八日しるす

——, *Избранные труды по филологии*, Москва: Прогресс, 1987.

——, Наследие Чингисхана, Москва, 2012.

ウイファルヴィ（Ujfalvy, Károly）他、今岡十一郎訳編『民族のふるさと　アルタイ・フィンウゴル論集』審美社、1968年。

A・ヴァーンベーリ、小林高四郎・杉本正年訳『ペルシア放浪記』東洋文庫、1965年。

ヴィルヘルム・トムセン、泉井久之助・高谷信一訳『言語学史 その主要点を辿りて』弘文堂、1937年。

Вайнберг, И.В., *Этнография Турана в древность*, М.: Восточная литература, 1999.

Wiedemann, F. I., *Über die früheren Sitze der tschudischen Völker und ihre Sprachverwandtschaft mit den Völkern Mittelhochasiens: Einladung zur öffentlichen Prüfung im hiesigen Gymnasium am 27sten und 28sten Juni 1838*, Reval: Gedruckt bei Lindfors Erben, 1838.

山口巌『パロールの復権——ロシア・フォルマリズムからプラーグ言語美学へ　』ゆまに書房、1999年。

※邦訳のない文献も、本文中では書名を日本語訳して紹介している。

Tabbert, Filipp Johan (Strahlenberg, Philipp Johan von), *Das Nord-und Ostliche Theil von Europa und Asia: : in so weit solches das gantze Russische Reich mit Siberien und der grossen Tatarey in sich begreiffet, in einer historisch-geographischen Beschreibung*, Stockholm:In Verlegung des Autoris, 1730.

田中克彦『言語の思想――国家と民族のことば』NHKブックス、1975年／岩波現代文庫、2003年。

――『ことばと国家』岩波新書、1981年。

――『モンゴル――民族と自由』岩波書店同時代ライブラリー、1992年。

――『言語学とは何か』岩波新書、1993年。

――『差別語からはいる言語学入門』明石書店、2001年／ちくま学芸文庫、2012年。

――『「シベリアに独立を！」――諸民族の祖国《パトリ》をとりもどす』岩波現代全書、2013年。

徳永康元「fél szem（片目）考」「国学院大学国語研究」九号、1959年。

アンリ・トロワイヤ、工藤庸子訳『女帝エカテリーナ』上・下、中公文庫、1981年。

Trubetzkoy, Nikolai, *Вавилонская башня и смешние языков*, Берлин, 1923.

――, *Общеевразийский национализм*, 1927.

――(1939) Gedanken über das indogermanenproblem. *Acta Linguistica* 1(1). pp.81-89.

――(1939) Wie soll das Lautsystem einer künstlichen internationalen Hilfssprache beschaffen sein? *Travaux du Cercle linguistique de Prague* 8: 5-21.

――, *Principe de phonologie*, Paris: C. Klingcksieck, 1949.

den uralischen und altaischen Sprachen, *Keleti Szemle*.

Ramstedt, G. J., *Das schriftmongolische und die Urgamundart*, JSFOu. 21, Helsinki, 1902.

—— A Korean Grammar, Helsinki : Suomalais-Ugrilainen Seura, 1939.

Расул-ʒаде, М.Э., О пантуранизмевсвязNскавказской проблетой, Париж, 1930/Баку, 2020.

Römer, Ruth, Sprachwissenschaft und Rassenideologie in Deutschland, München, 1985.

Schlegel, Karl Wilhelm Friedrich von, *Über die Sprache und Weisheit der Indier,* Heidelberg: Mohr Siebeck Verlag, 1808. /Amsterdam, 1977.

Schleicher, August, *Die Sprachen Europas in systematischer Übersicht*, Amsterdam, 1983. / Bonn, 1950.

Schmidt = Rohr, Georg, *Die Sprache als Bildnerin der Völker*, Jena : Diederichs Verlag, 1932.

Schuchardt, Hugo, *Über die Lautgesetze. Gegen die Junggrammatiker*, Berlin: R. Oppenheim, 1885（邦訳は小林英夫『言語研究　問題篇』〈三省堂、1937年〉に「音韻法則について少壮文法学派を駁す」として収めてある）.

シナン・レヴェント『戦前期・戦中期における日本の「ユーラシア政策」——トゥーラン主義・「回教政策」・反ソ反共運動の視点から』早稲田大学モノグラフ107、2014年。

Skalička, Vladimír, *Typologische Studien*, Braunschweig / Wiesbaden, 1979.

Solta, G.N., *Einführung in die Balkanistik mit besonderer Berücksichtigung des Substrats und des Balkanlateinischen,* Darmstadt, 1980.

鈴木修次『日本漢語と中国』中公新書、1981年。

Тбилиси, 1987.
松長昭『在日タタール人』東洋書店、2009年。
Meillet, Antoine, *Les langues dans l'Europe nouvelle*, Paris, 1918. アントワーヌ・メイエ、西山教行訳『ヨーロッパの言語』岩波文庫、2017年。
R・A・ミラー、西田龍雄監訳、近藤達夫、橋本勝、庄垣内正弘、樋口康一訳『日本語とアルタイ語』大修館書店、1981年。村山七郎監訳『日本語の起源』筑摩書房、1982年。
Müller, Friedrich Max, *Lectures on the Science of Language*, Cambridge: Cambridge University Press, 1861./Routledge, Kinokuniya, 1944.
村山七郎、大林太良『日本語の起源』弘文堂、1973年。
Новлянская, М, Т., Филипп Иоган Страленберг, 《Наука》, М-Л., 1966.
大野晋『日本語の起源』岩波新書、1957年。
――『日本語の起源　新版』岩波新書、1994年。
Osthoff, Hermann und Karl Brugmann, *Morphologische Untersuchungen auf dem Gebiete der indogermanischen Sprachen*. 1, Leipzig, 1878.
Pallas, Peter Simon, *Linguarum Totius Orbis Vocabularia comparativa*, Saint-Pétersbourg: Impr. de Schnoor, 1787–1789.
包聯群「消滅の危機に瀕する満洲語の社会言語学的研究」『現代中国における言語政策と言語継承』第2巻、三元社、2015年。
Pröhle, Vilmos（1916）*Grundriß einer vergleichenden Syntax der uralaltaischen Sprachen mit besonderer Berücksichtigung der japanischen Sprache*, 1943.
――（1917）Studien zur Vergleichung des Japanischen mit

der Völker in Liedern, 1807.
Humboldt , Wilhelm von, *Über die Verschiedenheit des menschlichen Sprachbaues und ihren Einfluss auf die geistige Entwickelung des Menschengeschlechts*, Berlin, 1836.
ヴィルヘルム・フォン・フンボルト、亀山健吉訳『言語と精神　カヴィ語研究序説』法政大学出版局、1984年。
『邦訳　日葡辞書』（イエズス会、1603-4）岩波書店、1980年。
家田修「日本におけるツラニズム」『日本と東欧諸国の文化交流に関する基礎的研究』東欧史研究会・日本東欧関係研究会、1982年。
Иванов, Виталий, Путинский федерализм, Москва, 2008.
今岡十一郎『ツラン民族圏』龍吟社、1941年。
Jespersen, Otto（1928）Monosyllabism in English. Biennial lecture on English philology. British Academy, *The Proceedings of the British Academy*, volume XIV, London.
柿木重宜『日本における「近代言語学」成立事情Ⅰ　藤岡勝二の言語思想を中心として』ナカニシヤ出版、2017年。
金子亨『先住民族言語のために』草風館、1999年。
Киекбаев, Дж.Г, *Введение в урало-алтайское языкознание*, Китап, Уфа, 2016.
『国語学大辞典』東京堂出版、初版1980年、10版1999年。
Lewis, G. L., *Teach yourself Turkish*, London: English Universities Press, 1953.
Loohuis, W. J. M., *Das Sprachgenie Adolf Hitler*, München: Hirthammer, 1978.
馬淵和夫編『日本語の起源』武蔵野書院、1986年。
Malmberg, Bertil, *Readings in Modern Linguistics : An Anthology*, Stockholm, 1972.
Марр, Н.Я., Баскеко-Кавказские лексииеские параллели,

E・コセリウ、田中克彦訳『言語変化という問題』岩波文庫、2014年。Coseriu, Eugenio, *Sincronía, diacronía e historia.* Montevideo, 1958.
Engels, Friedrich, *Herrn Eugen Dührings Umwälzung der Wissenschaft,* Leipzig: 1878. エンゲルス『反デューリング論』（下）岩波文庫、1966年。
——, *Die Entwicklung des Sozialismus von der Utopie zur Wissenschaft,* 1882. エンゲルス『空想より科学へ』岩波文庫、1946年。
フィルドゥスィー、黒柳恒男訳『王書』東洋文庫、1969年。
Fokos-Fuchs, D. R.（1937）*Übereinstimmungen in der Syntax der finnisch-ugrischen und türkischen Sprachen,* Finnisch-ugrische Forschungen Bd.XXIV.
——, *Rolle der Syntax in der Frage nach Sprachverwandtschaft,* Wiesbaden: Otto Harressowitz, 1962.
藤岡勝二「日本語の位置」『国学院雑誌』1908年。
Gabelentz , Hans Georg C. von der, *Die Sprachwissenschaft, ihre Aufgaben, Methoden und bisherigen Ergebnisse,* Leipzig, 1891.1901(2)/Tübingen 1969.
Gipper, Helmut, *Bausteine zur Sprachinhaltsforschung: neuere Sprachbetrachtung im Austausch mit Geistes- und Naturwissenschaft,* Düsseldorf: Pädagogischer Verlag Schwann, 1963.
Haarmann, H., *Weltgeschichte der Sprachen: Von der Früehzeit des Menschen bis zur Gegenwart,* München, 2006.
服部四郎『日本語の系統』岩波書店、1959年／岩波文庫、1999年。
平凡社編『アジア歴史事典』第１巻、平凡社、1959年。
Herder, Johann Gottfried von, *Volkslieder,* 1778./ *Stimme*

文献一覧（アルファベット順）

Bally, Charles, *Linguistique générale et linguistique française*, Paris, 1932./Bern, 1965. シャルル・バイイ、小林英夫訳『一般言語学とフランス言語学』岩波書店、1970年。

Баскаков Н. А., Алтайская семья языков и её изучение, Москва, 1981.

Benzing, Johannes, *Einführung in das Studium der altaischen Philologie und der Turkologie*, Wiesbaden: Harrassowitz, 1953.

Böhtlingk, Otto, *Über die Sprache der Jakuten*, St. Petersburg, 1851./Bloomington, 1964.

Boller, Anton, *Nachweis, dass das Japanische zum ural-altaischen Stamme gehört*. Sitzungsberichte der philos.-histor. Classe der kaiserlichen Akademie der Wissenshaften, Bd. 33, Wien, 1857.

Castrén, Matthias Alexander, *Versuch einer Burjätischen Sprachlehre : nebst kurzem Wörterverzeichniss*, St. Petersburg: Buchdr. der Kaiserlichen Akademie der wissenschaften, 1857./Leipzig, 1969.

Chomsky, Noam, *Cartesian Linguistics: A Chapter in the History of Rationalist Thought*. New York: Harper & Row, 1966. ノーム・チョムスキー、川本茂雄訳『デカルト派言語学』みすず書房、1976年。

——福井直樹・辻子美保子訳『生成文法の企て』岩波書店、2003年。

Christmann. H. H., *Sprachwissenschaft des 19. Jahrhunderts*, Darmstadt: 1977.

ちくま新書
1568

ことばは国家《こっか》を超《こ》える
――日《に》本語《ほんご》、ウラル・アルタイ語《ご》、ツラン主義《しゅぎ》

二〇二一年四月一〇日　第一刷発行

著　者　田中克彦（たなか・かつひこ）
発行者　喜入冬子
発行所　株式会社 筑摩書房
東京都台東区蔵前二-五-三　郵便番号一一一-八七五五
電話番号〇三-五六八七-二六〇一（代表）
装幀者　間村俊一
印刷・製本　三松堂印刷 株式会社

ISBN978-4-480-07388-4 C0281